Thèse

pour

le Doctorat.

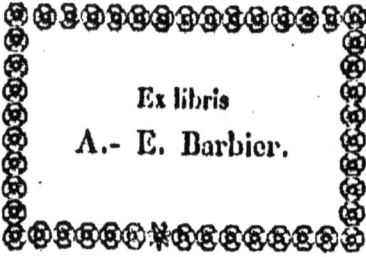

Faculté de Droit de Poitiers.

DE HEREDIBUS INSTITUENDIS,

EN DROIT ROMAIN;

DES DISPOSITIONS TESTAMENTAIRES,

EN DROIT FRANÇAIS;

DES RÉGLEMENS DE JUGES,

EN PROCÉDURE.

Thèse

Pour le Doctorat,

SOUTENUE,

LE VENDREDI 28 AOUT, A 8 HEURES DU MATIN,

Par Dauphin-François-Aimé Barbier,

Avocat à la Cour royale.

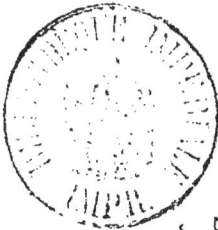

à Poitiers,

DE L'IMPRIMERIE DE FRANÇOIS-AIMÉ BARBIER,

IMPRIMEUR DE LA FACULTÉ DE DROIT.

1835.

La Faculté n'entend approuver ni désapprouver les opinions émises par le Candidat.

A mon Grand-Oncle

Félix Faulcon,

Hommage de Respect & de Reconnoissance.

❧◆❧

A tout ce qui m'est cher,

Souvenir.

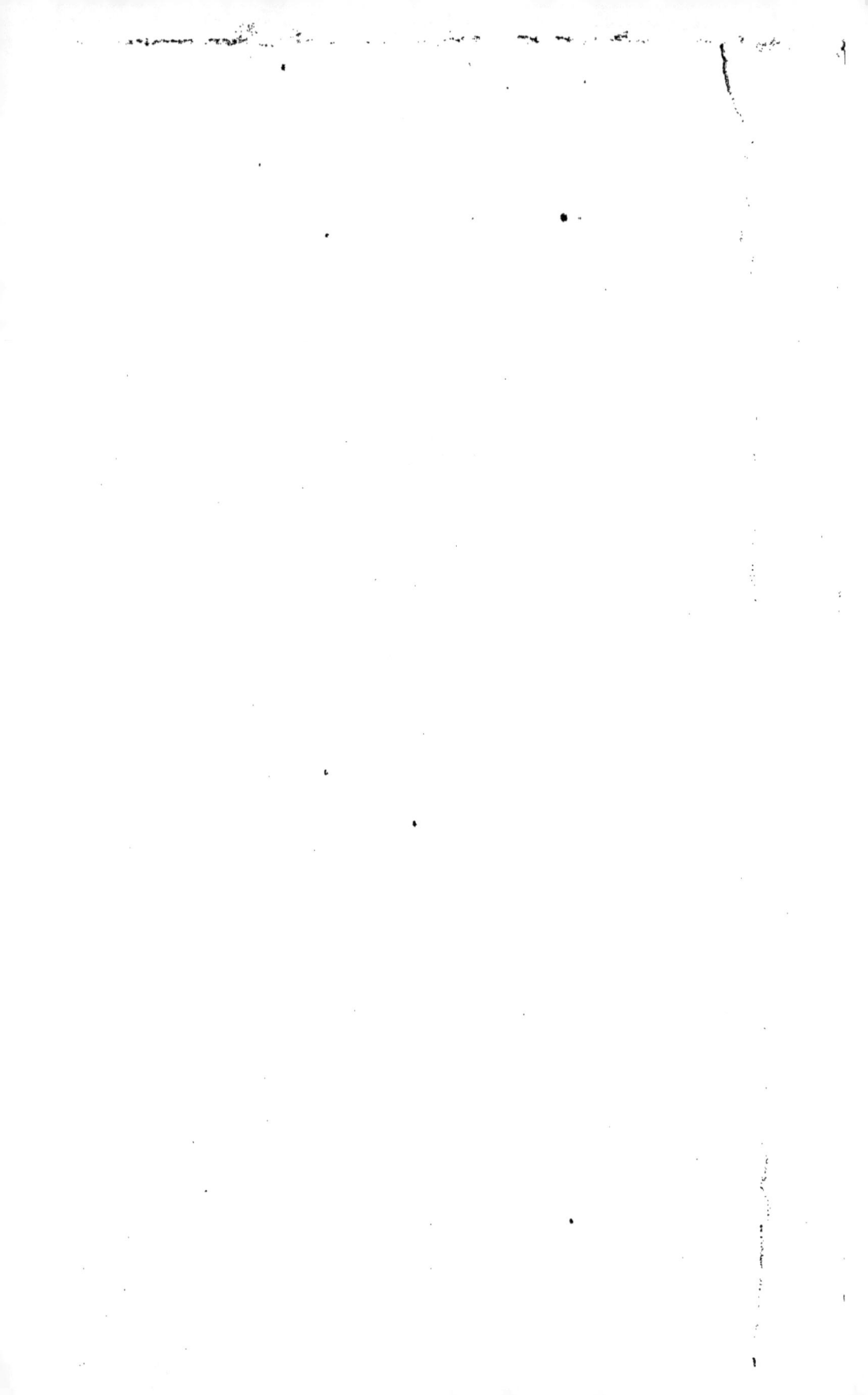

Jus Romanum.

DE HEREDIBUS INSTITUENDIS.

DIGESTIS, LIB. XXVIII, TIT. V.

Testamentorum ordinandorum interna solemnitas imò et præcipua pars est ut in iis aliquis instituatur heres; est enim heredis institutio caput et fondamentum totius testamenti, et sine illa nullum potest intelligi testamentum, adeò ut inutilia sint omnia quæcumque testator scripserit aut ordinaverit, nisi heredem instituerit.

Heredis institutio solemnis est ejus quem nobis heredem volumus designatio; est autem heres successor in universum jus quod defunctus habuit.

Materiam hanc tribus capitibus absolvam. In primo, quæram qui heredes institui possint; in secundo, dicam quæ sit forma heredis institutionis et quem finem in herede instituendo testator habere debeat; in tertio, videbitur quomodò inter plures distribuatur hereditas.

CAPUT I.

Qui Heredes institui possint?

Heredes institui possunt omnes ii quibuscum est testamenti factio, seu qui passivam testamenti factio-

1

nem habent; et, jure Digestorum, ut incertæ personæ non sint, requiritur insuper.

Dicam ergo primùm quæ heredum institutiones non valuerint eò quòd incertarum personarum esse viderentur; dein quæ personæ testamenti factionem habeant, nec ne; tandem quibus temporibus requiratur hæc testamenti factio in herede instituto.

SECTIO I.

De incertis Personis.

Incerta persona heres institui non potest sicut his verbis : *Quisquis primus ad funus meum venierit heres esto ;* nam, cùm testamentum sit testatio mentis, certum esse debet testantis consilium.

Incerta etiam persona est ejus qui nondùm natus est; receptum tamen est ut posthumi sui et quasi-posthumi institui possent, ne fortè nascentes testamentum rumperent : cæteri verò posthumi, qui *alieni* vocari solent, jure Digestorum heredes institui nequeunt.

Si quis pauperes heredes fecerit, est etiam incertarum personarum institutio jure Digestorum nulla, Christianorum verò imperatorum constitutionibus permissa. Quinetiam constitutum est ut captivi heredes institui possent.

Eâdem prorsùs ratione nec mancipia nec municipes heredes institui possunt, quoniam incertum corpus est ut neque cernere universi, neque pro herede gerere possunt ut heredes fiant; senatusconsulto tamen concessum est ut à libertis suis institui possint. Fideicommissa autem hereditas municipibus restitui potest, ut indulsit senatusconsultum.

Ita jure Digestorum : permisit tamen Leo à quibuslibet civitates institui.

Quemadmodùm civitates ita nec collegia heredes institui poterant ; illud tamen quibusdam ex privilegio concessum est.

Jus autem illud immutavit Justinianus, et incertarum personarum alienorumque etiam posthumorum institutionem permisit.

Erat quidem inutilis olim institutio heredis cujus erat incerta persona; modò autem certa persona esset, illum quem nunquam viderat heredem rectè instituere poterat testator, veluti si fratris filium peregrì natum, ignorans quis esset, instituerit; ignorantia enim testantis inutilem non facit institutionem. Etiam extraneos penitùs ignotos testator instituere potest, modò ne alio capite sint incapaces, putà quia peregrini.

SECTIO II.

Qui habeant, nec ne, cum Testatore Testamenti factionem?

Dubitabatur olim an Dii haberent testamenti factionem, cùm non possent ipsi hereditatem cernere, et aliâ ratione, politicâ scilicet, ne bona civium luxuriæ sacerdotum servirent; quosdam tamen Deos constitutionibus principum instituere permissum est. Sub christianis imperatoribus Jesum Christum etiam instituere permissum est, item angelum aliquem aut martyrem.

Dubitabatur quoque de muto et surdo, sed nunc dubium non est quin heredes institui possint.

Cùm peregrini testamenti factionem non habeant, non habent illam qui deportantur ; si tamen heredes scribantur, hereditas in ea causa est in qua esset si scripti non fuissent. Idem dicendum est de Dedititiis eâdem prorsùs ratione.

Latinus autem Junianus, siquidem mortis testatoris tempore, vel intra diem cretionis, civis romanus fuerit, heres esse poterat ; quòd si Latinus manserit lege Juniâ capere hereditatem prohibebatur. Idem jus obtinebat in persona cœlibis propter legem Juliam, heresque fiebat modò intra centum dies legi paruisset.

Has autem prohibitiones circa Dedititios et Latinos Junianos libertinitatisque differentias sustulit Justinianus datâ omnibus civitate.

Porrò principum constitutionibus apostatæ et hæretici institui vetantur. Idem dicendum est de viduis quæ intra annum luctûs ad secundas nuptias transierunt.

Qui se incestis nuptiis polluerunt nec se mutuò, nec propudiosam sobolem instituere possunt ; nec mulier adulterum suum, aut hic illam.

Erant et qui poterant quidem heredes institui et hereditatem capere, sed intra certam quantitatem duntaxat, aut certam partem : tales erant mulieres ex lege Voconia ; tales erant orbi quibus vetabatur plus capere quàm dimidiam eorum quæ ipsis relicta erant. Lege quoque Decimariâ non ampliùs conjugi ex conjugis testamento capere licebat quàm relictorum partem decimam. Illæ posteà coelibatûs orbitatis et legis Decimariæ poenæ sublatæ sunt ; ipsumque plebiscitum Voconium in desuetudinem abiit opulentiâ civitatis, ut ait Gellius.

Liberi naturales ex concubina nati olim, ut cæteri cives, heredes institui poterant; nunc verò, ex constitutione Justiniani, unicam tantùm unciam ex testamento patris capere possunt, si soli superstites sint liberi legitimi; octo uncias, si soli superstites testatoris parentes ; totum assem denique si soli sint liberi naturales.

Constitutione Leonis et Anthemi vetatur conjux conjugi secundo plus relinquere quàm uni ex liberis prioris matrimonii, et quidem cui minimùm relinquit.

Hìc tantùm observandum illis legibus locum non fuisse in his hereditatibus quæ solvendo non essent.

Servos proprios heredes instituere possumus, dummodò ipsis libertatem cum civitate relinquamus; unde eum servum qui tantùm in nostris bonis est, nec cum libertate heredem instituere possumus, quia Latinitatem tantùm consequitur quod non proficit ad hereditatem capiendam Sed etsi jure Quiritum possideatur interdùm nec cum libertate utiliter servus à domino heres instituitur, nimirùm si aliqua lex obstet.

Excipitur tamen lex Ælia-Sentia quia, licèt vetat

ne manumissiones in fraudem creditorum fiant, per-
mittit tamen ut possit testator memoriæ suæ con-
sulere, et ut ipsius bona non sub ipsius sed sub ejus
heredis nomine proscribantur, quod erat ignominio-
sum apud Romanos.

Attamen ex eadem lege hoc ipsum duas patitur
limitationes. Prima limitatio est ut, qui solvendo
non est, unum duntaxat servum necessarium heredem instituere possit; sed quid si duo pluresve
instituerit? Vel dici poterit uter priori loco scriptus
est, vel non : si priùs, valebit institutio; si poste-
riùs, corruet. Secunda limitatio est ut, qui solvendo
non est, servum suum necessarium heredem in
fraudem creditorum facere possit, si nullus sit alius
in quocumque gradu scriptus qui hereditatem adire
possit.

Quandò autem nulla lex obstat libertati, adeò
pendet institutio servi proprii à libertate ipsi relicta
ut, nisi simul deferantur, non valeat institutio. Imò
adhuc porrectus est favor; nam si servum meum
purè heredem scripsero, sub conditione liberum,
differtur institutio in id tempus quo libertas data est.
Justinianus verò constituit ut ita quidem obtineret,
si conditio potestativa esset; quòd si casualis, et hereditas solvendo esset, voluit institutionem quidem à
conditione libertati adscripta pendere, ipsam autem
libertatem conditione defectâ nihilominùs compe-
tere; quòd si hereditas non solvendo sit, voluit
omninò insuper haberi conditionem.

Quod dixi institutionem servi proprii pendere à

libertate ipsi relicta, tamdiu demùm obtinet quamdiu in eadem causa, id est in eadem conditione servitutis, manserit, et tunc solùm ex testamento fit liber et heres necessarius. Si verò servus proprius heres institutus in eadem causa non manserit, quod fieri poterit post factum testamentum manumissione vel alienatione, institutio ejus pendebit à libertate ipsi relicta et valebit, licèt defecerit libertati adscripta conditio, modò tamen, cùm nundùm defecta esset, fuerit alienatus vel manumissus : si manumissus, suo arbitrio hereditatem adibit; si alienatus, perindè habebitur ac si tempore facti testamenti alienus fuerit et proindè novo domino hereditatem acquiret. Videtur quidem in eadem causa mansisse servus cùm jus duntaxat aliquod in eo constitutum est; æquè valet institutio, sed tantummodò differtur in id tempus quo jus illud extinctum erit.

Servum proprium dico rectè heredem institui, modò justa libertas ei relinquatur : institutio autem ejus sine libertate non valet, nequidem si facta esset in eum casum quo liber fieret.

Cæterùm opus non est ut expressè relinquatur servo proprio libertas, et facilè præsumitur relicta.

Justinianus deinde constituit ut, ex eo solo quod servus à domino heres scriptus esset, præsumeretur ei relicta libertas; et quidem ita ut, etiamsi posteà codicillis adscripta esset, præsumeretur ibi ex abundantia abscripta et jam testamento relicta.

Non solùm proprii sed alieni etiam servi heredes institui possunt. Enimverò cum servis quà servis

non est testamenti factio sed quatenùs per eos hereditas perventura est ad cives romanos; igitur in
servo alieno persona domini spectatur, et sustinetur
institutio, si dominus civis romanus sit et jus ca-
piendæ hereditatis habeat, perindè ac si per servum
institutus esset; unde sequitur peregrini servum
heredem institui non posse, quia cum peregrinis
testamenti factio non est.

Quamvis, jure Pandectarum, municipes et collegia non possint heredes institui, servus municipum
vel collegii vel decuriæ heres institutus, manumissus vel alienatus adibit hereditatem.

Servus plurium dominorum ab extraneo institutus heres unicuique dominorum cujus jussu adierit,
hereditatem adquirit, non pro virili sed pro dominica
portione : jussum domini præcedere debere constat,
ac sine eo servum hereditatem adeundo nihil agere.
Si verò non ab extraneo sed ab uno è sociis servus
communis heres scriptus est, vel cum libertate vel
simpliciter sine libertate scriptus est : priori casu,
socius tenetur pretium partis suæ accipere, sicque
liber et heres fit servus; posteriori autem casu, socius videtur per eum servum institutus et heres fieri.

Hereditarius servus, ante aditam hereditatem, si
modò testamenti factio cum defuncto fuit, licèt cum
herede instituto non sit, heres institui potest, quia
creditum est hereditatem dominam esse et defuncti
locum obtinere.

Idem dicendum est de servo ejus qui in utero est.

Hic notandi veniunt iidem casus in alieno servo

instituto quàm in proprio ; nam aut mansit in eadem causa et dominum suum heredem facit; aut non mansit, vel quia alienatus est et jubenti domino acquirit cujus in potestate est tempore aditionis, vel quia manumissus est et suo arbitrio hereditatem adire eamque sibi acquirere potest.

Captivus propter spem postliminii rectè instituitur, quia omnia jura civitatis in persona ejus in suspenso manent, non abrumpuntur; eàdem ratione valebit servi ejus institutio.

Si quis planè servus poenæ effectus institutus fuerit, hoc pro non scripto habebitur.

SECTIO III.

Quibus temporibus requiratur in herede Testamenti factio?

Duobus temporibus in heredibus extraneis testamenti factio requiritur, sive ipsi heredes instituantur, sine hi qui in eorum potestate sunt, scilicet, tempore facti testamenti ut ab initio constiterit institutio, et mortis tempore ut effectum habeat : insuper et cùm hereditatem adibunt testamenti factionem habere debebunt, sive purè sive sub conditione instituti sint, nam jus heredis eo vel maximè tempore inspiciendum est quo acquirit hereditatem; hoc tamen non sic intelligendum est ut tempus aditæ hereditatis sit tertium tempus, sed sic ut testamenti factio, quæ tempore mortis testatoris requiritur, non solo mortis instanti requiratur, sed durare debeat donec heres adeat hereditatem.

Medio autem tempore, inter factum testamentum et mortem testatoris vel conditionem institutionis existentem, mutatio juris heredi non nocet.

CAPUT II.

Quæ sit forma Heredis Institutionis et quem finem in Herede instituendo Testator habere debeat?

Quod spectat ad formam heredis institutionis in sex sectiones distribuam : quæram, in prima, de voluntate testatoris in instituendo herede et hujus voluntatis significatione; in secunda, quibus verbis fieri debeat institutio, et in quo testamenti loco; in tertia, an ex certa re institutio heredis fieri possit; in quarta, an cùm unicus heres instituatur, possit ex parte institui, et, cùm plures instituantur, an etiam sine parte institui possint; in quinta, an heredis institutio diem aut conditionem suscipiat; in sexta, de fine quem testator in herede instituendo habere debeat.

SECTIO I.

De Voluntate Testatoris in instituendo Herede et hujus Voluntatis significatione.

Ut heredis institutio rectè facta intelligatur, ante omnia oportet ut testator eum quem heredem scripsit, voluerit sibi heredem esse.

Quemadmodùm non est heres quem testator scripsit, nisi hunc voluerit heredem esse, ita nec is quem voluerit heredem esse, nisi eum scripserit.

Institutus autem heres ille mihi quoque videtur qui scriptus non est, sed solummodò nuncupatus, quamvis, per consequentias, institutionem ejus qui nec scriptus nec nuncupatus est induci non censeam.

Heres institui nisi ut certè demonstretur nemo potest : hinc quoties non apparet quis heres institutus sit, institutio non valet : receptum tamen est ut si quis nomen heredis quidem non dixerit, sed indubitabili signo eum demonstraverit quod penè nihil à nomine distat, valeret institutio.

SECTIO II.

Quibus verbis fieri debeat Institutio, et in quo Testamenti loco?

Solemnibus verbis fiebat olim heredis institutio, veluti : *Titius hereditatis meæ dominus esto,* vel *Titius heres esto,* et aliis. Nunc verò amota est solemnium verborum necessitas, et quisque quibus voluerit verbis uti liberam habet facultatem; indignum est enim ob inanem observationem irrita fieri tabulas et judicia mortuorum.

Omissio alicujus vocabuli in heredis institutione eam non vitiat, et errore scribentis testamentum juris solemnitas mutilari nequaquam potest, quandò minùs scriptum plus nuncupatum videtur.

Qui testatur ab heredis institutione plerumque debet initium facere testamenti ; licet tamen ab exheredatione quam nominatim facit incipere, nam divus Trajanus rescripsit posse nominatim, etiam ante heredis institutionem, filium exheredare. Obtinuit quoque ut substitutio vulgaris possit ordine scripturæ antecedere institutionem.

Cæterùm, jure antiquo, ante heredis institutionem legari non potest, quoniam et potestas testamenti ab heredis institutione incipit ; sed inter medias heredum institutiones, sive alter sive uterque adeat, potest.

Justinianus autem constituit ut etiam ante heredis institutionem legari posset.

SECTIO III.

An ex certa re Institutio Heredis fieri possit ?

Cùm heres definiatur successor in universum jus, sequitur quod ex re certa aut ex parte alicujus rei certæ institui non potest. Non tamen, si id factum fuerit, institutio nulla erit, sed, detractà rei mentione, perindè erit ac si simpliciter sine ulla rei aut partis expressione scriptus esset ; ut putà : si ex fundo fuisset aliquis solus institutus, valet institutio, detractà fundi mentione ; si duo sunt heredes instituti ; unus ex parte tertia alicujus fundi, alter ex besse ejusdem fundi, detractà fundi mentione, quasi sine partibus heredes scripti hereditatem habebunt, modò voluntas patrisfamilias manifestissimè non refragatur : si et alterius atque alterius fundi pro partibus quis heredes instituerit, perindè habebitur, quasi non adjectis partibus heredes scripti essent.

Quod dixi, rei adjectionem detrahi, accipiendum

quod ad jus institutionis attinet ; cæterùm hæc rei adjectio valet ut huic heredi jure prælegati relicta res intelligatur, eamque, salvà Falcidià, præcipere possit.

Ex constitutione Justiniani, cùm alii ex certa re, alii sine parte aut ex certa parte hereditatis instituuntur, ii qui ex certa re scripti sunt legatariorum loco habentur, actionesque hereditariæ cæteris duntaxat et contra eos in solidum competunt.

Quemadmodùm ex re certa instituto herede detrahitur rei mentio, similiter si quis ita heres institutus fuerit, excepto fundo, excepto usufructu, perindè erit jure civili atque si sine ea re institutus esset.

SECTIO IV.

An Heres unicus possit ex parte institui, aut plures sine parte?

Nemo paganus partim testatus partim intestatus decedere potest, et illæ res naturaliter inter se pugnant testatus et intestatus.

Ex illa regula evidenter sequitur, cùm unicus heres in testamento pagani instituatur, frustrà in ejus institutione partem adjici, detractàque partis mentione cum nihilominùs ex asse heredem futurum.

Ast si plures heredes instituuntur, potest testator ex quibus voluerit partibus eos heredes instituere, vel etiam non expressis partibus ; et quidem, cùm testator partem expressurum se dixit nec expressit, valet institutio.

Cùm expressio partis necessaria non sit, valet

institutio, quamvis partes expressæ non fuerint; sed quid si testamentarius minorem vel majorem partem adscripserit quam testator dare designaverat? Priori casu, heres erit pro parte nuncupata, quasi plus nuncupatum minùs scriptum; posteriori autem casu, pro parte nuncupata heres erit, quoniam inest minor in majori parte.

Valet quidem institutio, parte non adscriptâ, at non valet, eâ adscriptâ parte quæ in rerum natura non existit.

SECTIO V.

An Heredis Institutio Diem aut Conditionem suscipiat?

Ex regula quam initio præcedentis sectionis exposui, sequitur hereditatem ex die vel ad diem non rectè dari; valet 'amen institutio perindè ac si purè heres institutus esset, nam pro supervacuo dies habetur.

Hoc autem accipiendum est de die certo qui retrotrahi nequit; potest enim ex die incerto heres institui, cùm dies incertus in testamento conditionem faciat.

Quamvis diem non recipiat heredis institutio, dubium tamen non est quin non solùm purè, sed etiam sub conditione fieri possit, ita ut suspendatur interim atque existente conditione vires capiat, perindeque habeatur ac si purè facta esset, deficiente evanescat et deferatur ab intestato. Solius filiifamilias persona excipitur, qui vetatur sub alia conditione heres institui quam quæ in illius potestate sit, nisi sub contraria conditione exheredetur, ne, si forte conditio deficiat, reperiatur contra legem praeteritus.

Si plures institutioni conditiones conjunctim datae sint, omnibus parendum est quia unius loco habentur; si disjunctim, cui libet.

Illud notandum venit quod ex casu pendentes conditiones omninò implendae sint; quae autem in potestatem nostram conferuntur, etiam tunc pro impletis habentur, cùm per alium stat quominùs impleantur.

Impossibilis conditio institutionem adjecta non vitiat, sed pro non scripta hebetur. Impossibili similis est conditio turpis quae pugnat cum pietate, bonis moribus aut legibus. Si verò talis sit conditio quae efficiat ut ipsa institutio impossibilis aut potiùs perplexa atque inexplicabilis sit ita ut voluntas defuncti exitum reperire nequeat, institutionem vitiat.

Dictum est constare debere de persona quae instituitur heres; pariter constare debet de conditione sub qua quis scriptus est, alioquin sciri non poterit an extiterit.

Cùm testator conditionem institutioni inserere destinans non addidit, pro non instituto habetur scriptus heres : sed si conditionem addidit, dum nollet, detractà illà, heres erit, nec nuncupatum videbitur quod contra voluntatem scriptum fuerit. Si verò testamentarius contra voluntatem testantis conditionem detraxit aut mutavit, heres pro non instituto adhuc habebitur.

SECTIO VI.

De Fine quem in instituendo Herede Testator habere debeat.

Institutio non valet nisi ex fine honesto fiat ; hinc non valet institutio ejus qui contumeliosà appellatione designatus est , nimirùm quia videtur testator eum instituisse animo eum traducendi , qui finis inhonestus est; hunc autem animum non habere credendus est pater, qui cum maledicto filium instituit , sed hoc duntaxat significare velle tantam esse in filium pietatem ut ejus offensis non superetur , ita institutus filius purè institutus censetur.

Finis etiam inhonestus est si quis instituatur calumniæ causà , ut alicui potens adversarius suscitaretur.

Similiter , propter inhonestum finem , captatoriæ institutiones reprobatæ sunt quodam senatusconsulto, cùm scilicet quis suam hereditatem tanquam in hamo defert ut allectet alienam; cujusmodi institutiones etiam in testamentis militum improbantur.

Idem servandum est quod senatus censuit, etiamsi in aliam personam captiónem direxerit testator.

Cæterùm captatorias institutiones non eas senatus improbavit quæ mutuis affectionibus judicia provocaverunt, modò sine calliditate et sine voto captandæ hereditatis alterius factæ sint.

Captatoria tamen non est institutio his verbis concepta : *Qua ex parte Titius me heredem instituit, ex ea parte Mævius heres esto,* quia in præteritum non in futurum collata est.

CAPUT III.

Quomodò inter plures Heredes distribuatur Hereditas?

Tot heredes quot voluerit testator instituere potest ; sed , cùm plures instituerit , necesse est inter eos distribui hereditatem , enimverò uni duo pro solido heredes esse nequeunt.

Cùm nemo paganus partim testatus , partim instestatus decedere possit , testatoris hereditas inter eos omnes quos scripsit heredes, vel inter eos qui ex illis supersunt distribui debet , ita ut nulla pars vacua maneat. Videndum igitur primùm de distributione hereditatis inter omnes heredes qui scripti sunt, dein de jure accrescendi, quod locum habet inter eos qui supersunt cùm quidam heredes ad hereditatem veniunt. Pauca tamen præmittenda sunt de conjunctis et disjunctis, quia prout quidam parte aut verbis conjuncti vel disjuncti sunt, jure vario in hac hereditatis distributione et in jure accrescendi utuntur.

SECTIO I.

De conjunctis aut disjunctis Heredibus.

Inter plures heredes possunt quidam esse parte et verbis invicem conjuncti, quidam verbis et non parte, quidam parte et non verbis, quidam denique tam parte quàm verbis disjuncti.

Parte et verbis conjunguntur qui per particulam aliquam copulativam aut per nomen copulativum junguntur : conjuncti parte et verbis tam in distri-

2

butione hereditatis quàm in jure accrescendi unius
· personæ vice funguntur respectu eorum à quibus
verbis disjuncti sunt, quamvis in eadem parte conjuncti.

Verbis tantùm non parte conjuncti intelliguntur
qui per aliquam particulam copulativam aut per
nomen collectivum quidem conjuncti sunt, sed ita
ut aliunde appareat ob celeritatem sermonis duntaxat testatorem ita eos conjunxisse, quod præsumitur ex his verbis à testatore adjectis : *æquè* aut
ex æquis partibus.

Conjuncti parte tantùm et non verbis illi sunt
quibus eadem pars hereditatis diverso orationis
contextu data est : illi pariter, tam in distributione
hereditatis quàm circa jus accrescendi, unius personæ
vice funguntur respectu eorum à quibus parte disjuncti sunt.

Ex supradictis patet quinam parte et verbis disjuncti sunt.

SECTIO II.

De Distributione Hereditatis inter omnes Heredes qui scripti sunt.

Hereditas plerumque dividitur in duodecim uncias, quæ assis appellatione continentur, et hæc est
solemnis assis divisio. Habent autem et hæ partes
propria nomina, ab uncia usque ad assem, putà
hæc : sextans, quadrans, triens, quincunx, semis,
septunx, bes, dodrans, dextans, deunx.

Hoc casu quo omnes heredes singuli ex certa et

expressa parte scripti sunt, patet eam partem quisque habere quæ sibi adsignata est, licèt partes sint
dispares, nisi tamen posteà testator ante peractum
testamentum eos exæquaverit.

Eam partem quæ sibi adsignata est singuli heredes
habere debent, et quidem nulla subesse potest dif-
ficultas cùm omnes illæ partes assem efficiunt. Quòd
si partes illæ assem excedant aut contrà totum non
impleant, potest etiam, et hoc casu, solemnis assis
distributio servari, sed ita ut quantùm assi deest
singulis pro rata accrescat ; et vice versâ, si testator
assem excesserit, singulis pro rata catenùs decrescat :
potest quoque, quod ad idem recidit, hoc utroque
casu, hereditas, non ut fieri solet, in duodecim
partes dividi, sed in plures paucioresve, tot scilicet
quot testator adsignaverit, et quisque ex partibus
adsignatis heres erit.

Si omnes sine partibus expressis scripti sunt, singuli ex æquis partibus heredes sunt, ita tamen ut, si
quidem conjuncti sunt, illi unius vice fungantur.

Cùm quidam ex certis expressisque partibus,
quidam sine partibus, scripti sunt, tres possunt eve-
nire casus : aut partes expressæ assem non complent,
aut complent, aut superant. Primo casu, quod assi
deest ei vel eis qui sine parte scripti sunt cedit :
secundo casu, qui heredes scripti sunt, asse expleto, in alium assem venient aliter atque si ita
scripsisset testator : Asse expleto, ex reliqua parte
heredes sunt, quoniam cùm nihil reliquum sit, ex
nulla parte heredes instituti sunt ; quamvis, asse

expleto, duo sine partibus scripti fuerint in unum assem, non in singulos asses, isti duo venient: tertio casu, qui sine parte fuerunt instituti quod dupondio deest habebunt, idemque erit si dupondius expletus sit.

Ut autem ea quæ dixi obtineant, quo loco scribantur heredes sive parte, utrùm primo, an medio, an novissimo, nil interest, quò magis assis residuum accepisse videatur.

Observandum superest quod, ut intelligatur an partes expressæ assem compleant, nec ne, an superent, etiam portiones illis qui inutiliter scripti sunt adscriptæ computantur.

SECTIO III.

De Jure accrescendi.

Si unus ex pluribus heredibus deficiat aut quòd hereditatem omisit, aut quòd ante aditam mortuus ejusve acquirendæ incapax factus est, hereditatis pars quam accepisset, cæteris qui ex testamento heredes existunt, accrescit, nec interest quomodò deficiat pars heredis scripti.

Observandum est portiones deficientes ipso jure accrescere et magis coheredum portionibus quàm ipsorum personis; hinc heredi coheredis qui adivit hereditatem pars deficientis accressit et quidem invito; unde etiam, si totam hereditatem aut partem ex qua quis heres institutus est tacitè rogatus sit restituere, apparet nihil debere accrescere quia rem non videtur habere. Cùm autem hereditatem pro parte adire et pro parte repudiare non liceat, partem hereditatis jam aditæ non decrescentem heres repudiare nequit.

Fruuntur autem hoc jure accrescendi heredes simul omnes qui hereditatem susceperunt : si tamen testamento aliqui conjunctim cum deficiente in eadem parte instituti fuerint reliquis præferuntur.

Illis heredibus quorum portio ita legibus definita est ut augeri nequeat, jus accrescendi non proficit.

Notandum est denique heredibus singulis, pro partibus hereditariis, vacuam portionem et cum oneribus et impositis accrescere.

QUÆSTIONES.

I. Si servi communis dominus cum heredem, sine expressa libertatis datione, scripserit, libertatemne consequetur servus? — Nego; sed mihi videtur servus sociis hereditatem acquirere.

II. Si unus dominorum servum hereditatem adire jusserit, capietne totam? — Affirmo.

III. An testator possit jus accrescendi prohibere? — Non potest.

IV. Utrùm hereditas, eo casu quo deportatus est institutus, fisco acquiratur vel legitimis heredibus devolvatur? — Legitimis heredibus devolvendam esse censeo.

Droit Français.

—◆—

DES DISPOSITIONS TESTAMENTAIRES.

CODE CIVIL, LIV. III, TIT. II, CHAP. V.

Les sociétés étoient à peine formées, que déjà le droit du premier occupant avoit fait place à celui de propriété. Aussitôt que le droit de propriété fut reconnu, la faculté d'en disposer dut être pour l'homme une des manières les plus flatteuses de l'exercer : aussi pouvons-nous croire que l'usage des donations suivit de bien près celui des autres actes qui établirent des relations entre tous les hommes, tels que l'échange, la vente, le prêt, etc... : il est donc vrai de dire que la donation tire son origine du droit des gens.

Il n'en est pas de même du testament ; car, bien que la possession rendît propriétaire, la propriété a pu paroître devoir cesser avec la possession, c'est-à-dire avec la vie du propriétaire ; alors la société pouvoit reprendre ces biens, les faire passer par succession aux héritiers légitimes du propriétaire, ou lui accorder la faculté d'en disposer par testament : tout mode de transmission de biens après la mort du possesseur a donc dû être réglé par chaque so-

ciété : le testament découle donc de la loi civile et
ne peut émaner que d'elle.

En reconnoissant la propriété individuelle et per-
manente, les premiers législateurs furent conduits à
permettre à l'homme d'exercer son droit jusqu'à son
dernier soupir ; quoique mourant, il est toujours
propriétaire, et pour lui ce n'est pas cesser de pos-
séder que de mourir avec l'espérance de laisser sa
propriété aux mains de celui qu'il a lui-même choisi
pour être son successeur. Cette faculté de disposer
de sa propriété après sa mort n'est pas sans avantages : elle devient pour le père de famille un frein
puissant à arrêter les écarts de ses enfans ; quelquefois aussi elle sert à punir le vice en encourageant
à la vertu. Cependant il seroit peut-être à désirer
que les législateurs n'eussent autorisé aucun changement aux successions légitimes, même par acte
de dernière volonté : en effet, quelle que soit l'utilité
du droit de tester, elle a peine à contrebalancer les
inconvéniens qui en sont la suite inévitable ; et combien de fois ne vit-on pas des testamens n'être que
le résultat de la haine ou de la suggestion, si ce
n'est d'une volonté aveugle. Il est toutefois un
moyen de concilier les avantages que présente le
droit de tester avec les inconvéniens qui en résultent, c'est de n'en permettre l'exercice que dans des
limites assez étroites ; mais toujours faut-il l'admettre, ne seroit-ce que pour ne pas enlever à
l'homme la douce consolation de se montrer géné-
reux ou reconnoissant.

Les plus anciens monumens de l'histoire prouvent, jusqu'à la dernière évidence, combien étoit commun l'usage des testamens, sans que l'on puisse y découvrir où cet usage a pris naissance. Il fut connu chez les Egyptiens. On le retrouve dans les villes de Lacédémone et d'Athènes, ainsi que dans toutes les autres villes de la Grèce.

On ne peut douter que les testamens ne fussent en usage à Rome avant la loi des douze Tables. A cette époque, ils se faisoient devant l'assemblée du peuple et n'existoient que par sa volonté; en un mot, c'étoit une véritable loi. Rien de plus raisonnable, en effet, que l'ordre de succession étant réglé par une loi, il ne fût possible d'y déroger que de la même manière.

La loi des douze Tables changea entièrement la législation à cet égard; le testament, qui étoit jusque-là l'œuvre d'un peuple entier, dépendit uniquement de la volonté du testateur : tout porte à croire que ce changement fut puisé dans les lois de Solon. Néanmoins, les Décemvirs ne se montrèrent pas aussi prudens que le sage de la Grèce, qui avoit établi une réserve au profit des héritiers légitimes; ils ne posèrent aucune borne à la liberté du testateur, et lui accordèrent une puissance illimitée que nous trouvons consacrée dans la cinquième Table :
Uti quisque paterfamilias super familia, pecunia, tutelave rei suæ legassit, ita jus esto.

Plus tard, les empereurs romains ne laissèrent pas d'apporter quelques changemens à la manière de tester, mais sans restreindre la puissance excessive accordée au testateur.

Nous sommes fondés à croire que l'usage des testamens en France remonte aux premiers temps de la monarchie, qu'il étoit même connu dans les Gaules avant l'établissement de la domination romaine. Le moine Marculfe nous a conservé, dans son Recueil des Formules, celles qui étoient destinées à ce mode de transmission de biens. Dans la suite, la France se divisa plus particulièrement en pays de droit écrit, où le droit romain fut observé, et en pays de coutumes, dont la législation relative aux testamens varia à l'infini, suivant les premiers usages et les mœurs de chaque contrée dont elles étoient l'expression.

Sans nous arrêter aux formes extrinsèques des dispositions testamentaires dans les pays de droit écrit et dans les pays coutumiers, où elles furent toujours plus simples, il nous suffira de faire remarquer quelques différences importantes dans les formes intrinsèques. Dans les pays de droit écrit, comme dans le droit romain, l'institution d'héritier étoit indispensable pour la validité du testament, qui ne pouvoit exister sans elle, et l'on n'avoit aucun égard à l'origine des biens dont le testateur pouvoit disposer en totalité. Les coutumes, au contraire, établirent des principes opposés; elles voulurent que les biens retournassent aux familles dont ils étoient sortis, ce qui donna lieu à la fameuse règle : *Paterna paternis, materna maternis :* la liberté de disposer par testa-

ment se trouva ainsi infiniment restreinte. Mais la
plus grande différence à signaler, c'est que, loin
d'autoriser l'institution d'héritier, qui, dans le droit
romain, étoit le fondement du testament, les coutumes la défendirent expressément, et ne reconnu-
rent au testateur qu'un droit assez peu étendu, celui
de faire des legs, encore fut-il contraint de laisser
intacte une réserve généralement considérable et
dont la quotité varia suivant les différentes coutumes.
Disons aussi que les lois romaines, suivies dans les
pays de droit écrit, accordoient à l'héritrier testamentaire la faculté de retenir la quarte Falcidie ou
la quarte Trebellienne, alors que le testateur avoit
épuisé sa succession en legs ou en fidéicommis : les
coutumes, au contraire, n'autorisoient pas un pa-
reil prélèvement, et exigeoient que l'héritier ac-
complît toutes les volontés du défunt ou renonçât
à sa succession.

Outre les formes ordinaires de tester, les coutumes, d'accord en cela avec la législation romaine,
admettoient encore différentes espèces de testamens
pour les cas extraordinaires où le testateur se trouvoit dans l'impossibilité de se soumettre à toutes les
formalités prescrites aux autres citoyens.

Telles étoient les lois qui régloient en France les
dispositions testamentaires, lorsque parut l'ordonnance de 1735, qui eut pour but de rendre la législation sur les testamens plus uniforme, tout en reconnoissant la division de la France en pays de droit
écrit et en pays coutumiers.

Enfin les législateurs modernes n'ont plus eu qu'à
choisir entre les différens systèmes et à profiter des
enseignemens des législations romaines et coutu-
mières , ainsi que des travaux de l'illustre chance-
lier d'Aguesseau : toutefois la matière des dispositions testamentaires est encore très compliquée dans
ses détails , quoique les auteurs du Code civil l'aient
beaucoup simplifiée en ramenant la législation à des
règles uniformes pour toute la France.

Pour plus de clarté , nous diviserons en cinq cha-
pitres la matière qui nous a été dévolue par le sort :
nous traiterons, dans le premier, de la capacité de
disposer et de recevoir par testament ; dans le second,
de la forme des testamens ; dans le troisième, des
différentes espèces de legs ; dans le quatrième, des
exécuteurs testamentaires ; dans le cinquième enfin,
de la révocation et de la caducité des legs ainsi que
du droit d'accroissement.

CHAPITRE I.

De la Capacité de disposer et de recevoir par Testament.

La faculté de disposer des biens dont on a la
propriété est un droit général et absolu qui appartient à tout le monde, et dont on ne peut être privé
que par une disposition spéciale de la loi ; il en est
de même du droit de recevoir : ainsi toutes personnes peuvent disposer et recevoir par testament,
excepté celles que la loi en déclare incapables.

Parmi les personnes que la loi frappe de l'incapacité de disposer et de recevoir, il en est qui se trouvent incapables sous l'un et l'autre rapport ; d'autres sont seulement incapables de donner, mais non de recevoir. En considérant les incapacités sous un point de vue plus général, nous voyons qu'elles sont absolues ou relatives : absolues, lorsqu'elles empêchent de donner ou de recevoir indéfiniment à l'égard de toutes personnes ; relatives, si elles empêchent de donner à quelques personnes seulement ou de recevoir d'elles.

Nous diviserons ce chapitre en quatre sections : nous parlerons, dans la première, des personnes incapables de donner ; dans la seconde, des incapables de recevoir ; dans la troisième, des dispositions déguisées sous le nom de personnes interposées ; dans la quatrième, des époques à considérer pour la capacité de donner ou de recevoir.

SECTION I.

Des Personnes incapables de donner.

Il est une règle générale qui régit tous les actes et qui s'applique plus particulièrement encore aux testamens : pour faire un testament, il faut être sain d'esprit. La présomption est toujours en faveur de l'acte, et la preuve contraire se trouve souvent difficile à faire.

Absolue qu'elle est, cette règle s'applique à toute personne, interdite ou non : au premier cas, le tes-

tament est nul.de plein droit comme fait postérieurement à l'interdiction; au second, il faut prouver
l'absence de raison au moment de la confection
du testament pour en faire prononcer la nullité.

Quoique placé sous l'assistance d'un conseil, il
n'est pas douteux que le prodigue ne puisse valablement tester sans le concours de ce conseil, pourvu
qu'il soit sain d'esprit ; car le testament doit être
l'œuvre du testateur seul et exempt de toute influence étrangère. La même décision sera applicable lorsque le tribunal, en rejetant la demande en
interdiction, aura nommé un conseil judiciaire.

Le condamné à une peine emportant mort civile
ne sauroit valablement tester : le testament qu'il
auroit fait seroit nul de plein droit, et sa succession
devroit être déférée aux héritiers légitimes de la
même manière que s'il étoit mort naturellement et
sans testament.

Le mineur âgé de moins de seize ans ne peut
disposer de ses biens ni par donation , ni par testament; le législateur a craint qu'il ne tombât dans
les piéges que des mains habiles auroient pu tendre
à son inexpérience : cependant la faveur du mariage
exige que la rigueur de cette loi fléchisse ; voilà
pourquoi il est permis au mineur de quinze ans de
disposer, par contrat de mariage, comme le majeur,
pourvu qu'il soit assisté des personnes dont le consentement est requis pour la validité du mariage ,
et qu'il ait cet âge de quinze ans au moment du
contrat : à plus forte raison, ces dispositions sont-

elles permises au mineur de seize ans, mais toujours avec les mêmes restrictions.

Quoique le mineur ait atteint sa seizième année, il lui est encore défendu de disposer de ses biens par donation entre vifs ; mais on a vu moins d'inconvéniens à lui permettre de disposer de ses biens par testament, puisque cet acte est toujours révocable : encore ne peut-il disposer que jusqu'à concurrence seulement de la moitié des biens dont la loi permet au majeur de disposer. Il n'y a pas de différence à faire entre le mineur émancipé et celui qui ne l'est pas.

Il est encore nécessaire de soustraire le mineur à une influence inévitable et à des importunités incessantes : aussi ne lui est-il permis, même alors qu'il est âgé de seize ans, de disposer au profit de son tuteur, avant que le compte de tutelle ait été rendu et apuré ; cependant il n'est pas indispensable que le reliquat, s'il y en a, ait été soldé.

Sont exceptés, dans les deux cas ci-dessus, les ascendans des mineurs qui ont été leurs tuteurs ; car on doit attribuer la donation bien plus à l'amour du mineur pour ses ascendans qu'à l'importunité de ces derniers. L'exception ne doit pas être étendue aux alliés.

Les prohibitions de la loi, relatives aux tuteurs, ne s'appliquent pas aux curateurs, aux subrogés-tuteurs, ni aux conseils judiciaires, sauf, s'il y a captation, le droit des héritiers d'attaquer la disposition pour ces causes.

Bien que la femme ne puisse faire une donation entre vifs sans l'assistance ou le consentement de son mari, elle n'a plus besoin de ce consentement pour disposer par testament ; car le testament est l'expression de la volonté du testateur seul, et d'ailleurs il n'a d'effet qu'à la mort de la femme, alors que la puissance maritale n'existe plus.

Depuis que les art. 726 et 912 du Code civil ont été abrogés par la loi du 14 juillet 1819, les étrangers ont eu le droit de disposer de leurs biens situés en France, de la même manière que le Français lui-même, quoique la loi de leur pays n'eût pas établi une juste réciprocité envers le Français. Il est à remarquer que l'étranger disposeroit valablement de ses biens situés en France, non-seulement par un testament fait en France suivant les formalités prescrites par la loi française, mais encore par un testament fait dans son pays et d'après les lois qui le régissent, car *locus regit actum.*

Ne perdons pas de vue que certaines personnes ne peuvent disposer de la totalité de leurs biens, puisqu'il en est d'autres au profit desquelles la loi fait une réserve.

Remarquons aussi que les art. 1094 et 1098 restreignent encore les libéralités entre époux à tel point, que, dans certains cas, l'époux pourroit disposer d'une partie plus considérable de ses biens au profit d'un étranger qu'au profit de son conjoint : toutefois, dans ces deux circonstances, rien n'empêcheroit l'époux de donner à un étranger l'excédant de la quotité disponible.

SECTION II.

De l'Incapacité de recevoir.

Pour être capable de recevoir par testament, il
suffit d'être conçu à l'époque du décès du testateur,
puisque la propriété n'est transférée qu'à ce moment :
néanmoins le testament n'aura d'effet qu'autant que
l'enfant sera né viable et qu'il aura réellement vécu ;
car il n'aura pas eu de vie civile s'il n'a pas eu les
germes de la vie naturelle. Né dans les trois cents
jours de la mort du testateur, l'enfant sera réputé
conçu à cette époque, et par conséquent profitera
de la disposition qui aura été faite en sa faveur.

La loi a dû prévenir l'ascendant que pourroient
prendre sur l'esprit d'un malade ceux qui le trai-
tent dans cet état de foiblesse : ainsi, les docteurs
en médecine ou en chirurgie, les officiers de santé
et les pharmaciens, qui auront traité une personne
pendant la maladie dont elle sera morte, ne pro
fiteront pas des dispositions testamentaires qu'elle
auroit faites en leur faveur pendant cette maladie ;
mais il faut la réunion de ces trois circonstances :
que la donation ait été faite pendant la maladie ; que
les médecins, chirurgiens ou pharmaciens aient
traité le malade pendant cette maladie ; que le malade soit décédé de cette maladie : dans l'absence
d'une seule de ces circonstances la disposition seroit
valable, à moins qu'il n'y ait des preuves évidentes
de captation ou de suggestion.

Les charlatans et les empyriques ne doivent pas

3

échapper à la prohibition de la loi : leur influence est d'autant plus pernicieuse que leurs moyens sont moins honnêtes, et que leur impudeur et leur audace sont plus téméraires.

La prohibition de la loi ne s'étend point aux gardes-malades, puisque la loi est muette à leur égard, ni aux pharmaciens qui ont simplement fourni des médicamens sur l'ordonnance du médecin, car alors il est impossible de croire qu'ils aient eu quelque influence sur l'esprit du malade.

Le principe reçoit exception à l'égard des médecins eux-mêmes, pour les dons rémunératoires et à titre particulier, eu égard aux facultés du disposant et aux services rendus. En effet, il eût été trop cruel d'enlever à un mourant la consolation d'une générosité fort louable, alors surtout que son peu d'importance la rendoit à peine nuisible à ses héritiers. L'exception s'étend encore aux dispositions universelles pour le cas de parenté jusqu'au quatrième degré inclusivement ; car cette libéralité s'attribue plutôt à l'amitié qu'à la captation, pourvu toutefois que le défunt n'ait pas d'héritiers en ligne directe ; à moins que celui au profit duquel la disposition a été faite ne soit au nombre de ces héritiers. Cette exception doit être étendue au médecin qui a traité son épouse, à moins que le mariage n'ait été contracté pendant la maladie, dans la seule intention d'éluder la prohibition de la loi.

La prohibition et les exceptions qu'elle comporte s'appliquent au ministre du culte qui a administré les secours spirituels au disposant ; mais c'est à la qualité de directeur de la conscience du testateur pendant sa dernière maladie que s'attache la prohibition, et l'ecclésiastique qui auroit assisté un malade, sans avoir pu l'influencer, profiteroit de sa libéralité.

Quant aux tuteurs, curateurs et conseils judiciaires, il est clair que leur capacité de recevoir est resserrée dans les mêmes limites qui restreignent, pour le mineur, l'interdit ou le prodigue, la capacité de disposer à leur égard.

Le mort civilement est incapable de recevoir par testament, si ce n'est des alimens : la quantité de ces alimens se détermine d'après la condition du mort civilement et la fortune de celui qui doit les fournir. Au reste, les dons manuels tomberoient difficilement sous la prohibition de la loi, parce qu'elle ne peut raisonnablement défendre ce qu'il n'est pas en son pouvoir d'empêcher.

D'après l'art. 912, l'étranger n'est capable de recevoir que dans le cas où il pourroit disposer au profit d'un Français ; mais, comme nous l'avons déjà dit, la loi du 14 juillet 1819 a abrogé cet article, en permettant aux étrangers de disposer et de recevoir en France de la même manière que les Français eux-mêmes.

Pour honorer le mariage et les bonnes mœurs et pour punir les unions illicites, le législateur a établi une juste différence entre les enfans légitimes et les enfans naturels, par rapport à la succession de leurs pères et mères. Les enfans naturels ne peuvent rien recevoir par testament au-delà de ce qui leur est accordé au titre des successions. La loi suppose que l'enfant naturel a été volontairement reconnu par ses père et mère, et il ne seroit pas permis de rechercher la paternité ni même la maternité, pour faire réduire les libéralités qui lui auroient été faites par ses prétendus parens : à plus forte raison cette recherche seroit-elle défendue, s'il étoit question d'un enfant dont la reconnoissance seroit interdite parce qu'il seroit le fruit d'un inceste ou d'un adultère ; dans ce cas, il n'auroit droit qu'à des alimens. La reconnoissance volontaire ne pourroit même pas être invoquée contre l'enfant incestueux ou adultérin.

On sent facilement que cette incapacité de recevoir de la part des enfans naturels, n'est établie qu'à l'égard de leurs pères et mères seulement.

Les hospices, les pauvres, les établissemens publics peuvent aussi recevoir par testament. Mais pour que les dispositions faites en leur faveur aient leur effet, il faut qu'elles aient été autorisées par le gouvernement, ou par le sous-préfet si elles n'excèdent pas 300 francs ; en outre, l'autorisation de l'évêque diocésain seroit nécessaire, s'il y avoit charge de service religieux. Pour donner ces autorisations, on prendra en considération la position respective du testateur et de ses héritiers, ainsi que les besoins de l'établissement au profit duquel la disposition aura été faite.

SECTION III.

Des Dispositions déguisées sous le nom de Personnes interposées.

Lorsque la loi a prononcé des incapacités de recevoir contre certaines personnes, elle seroit impuissante si elle ne prévoyoit les cas où l'on voudroit l'éluder par le moyen de fraude; en conséquence, elle déclare nulle toute disposition testamentaire faite au profit d'un incapable, si elle est faite sous le nom de personnes interposées.

Sont réputées personnes interposées, les père et mère, les enfans et descendans, l'époux de la personne. La loi a pris soin de déterminer elle-même les personnes qui devoient être regardées comme interposées, afin d'éviter l'arbitraire. Ces présomptions sont légales; elles ne souffrent donc aucune preuve contraire : dans tout autre cas, la fraude ne se présume pas, et c'est alors à ceux qui demandent la nullité de la disposition à prouver qu'elle est faite à personne interposée.

On attaqueroit avec succès les libéralités faites en faveur de collatéraux, d'ascendans même autres que les père et mère, s'il étoit possible de prouver qu'elles ont été faites dans le but d'avantager un incapable.

Il faudroit également décider qu'il y a interposition légale, lorsque les époux seroient séparés de corps, puisque le mariage ne seroit pas dissous par cette séparation.

L'interposition seroit encore présumée de droit, si la parenté résultoit de l'adoption : c'est une image de la parenté naturelle ; elle en produit presque tous les effets.

L'alliance ne doit pas s'assimiler à la parenté et donner lieu à la présomption légale d'interposition.

Les présomptions de la loi ne s'appliquent pas aux parens du mort civilement ; car le motif n'existe plus, puisque le mort civilement n'héritera pas de ses parens : d'ailleurs, il est impossible d'admettre que tous les proches parens du mort civilement participent, pour ainsi dire, à sa peine et soient punis de sa faute.

Le Code a même étendu ces présomptions, pour un cas particulier, dans l'art. 1100.

Dans tous les cas, la disposition n'est pas entiè-rement nulle, mais seulement réductible à la quo-tité dont le testateur pouvoit disposer au profit de l'incapable.

SECTION IV.

Des Epoques à considérer pour la Capacité de donner et de recevoir.

Le testateur doit avoir la capacité de disposer à deux époques différentes : au moment où il fait son testament et à celui de sa mort. Il est toujours indispensable que le testateur ait la capacité de disposer au moment où il fait son testament ; quant à sa capacité au moment de sa mort, il faut dis-tinguer l'incapacité qui vient de la perte des droits

civils de celle qui vient d'une autre cause : au premier cas, le testament qu'il auroit fait demeureroit
sans effet, parce que se référant à l'époque de sa
mort, il ne sauroit avoir une force qu'il n'auroit
pas si le testateur l'avoit fait un instant avant de
mourir; au second cas, au contraire, il seroit valide, car la démence ou la fureur et par suite
l'interdiction enlèvent bien l'exercice du droit, mais
ils n'enlèvent pas le droit lui-même.

On n'a pas d'égard à l'incapacité passagère sur-
venue au testateur pourvu, qu'elle ait cessé avant
sa mort.

Pour fixer les époques à considérer relativement
à la capacité des héritiers ou des légataires, il faut
distinguer si les dispositions sont pures et simples
ou conditionnelles.

Que si la disposition étoit pure et simple, il suffiroit à l'héritier institué ou au légataire d'avoir la
capacité de recevoir au moment de la mort du testateur, puisque la disposition a été jusque-là révocable et qu'elle n'a d'effet qu'en ce moment.

Quant à la disposition conditionnelle, il est nécessaire de distinguer la disposition testamentaire
faite sous une condition dépendante d'un événement incertain, et tel que, dans l'intention du testateur, cette disposition ne doive être exécutée
qu'autant que l'événement arrivera ou n'arrivera
pas, de celle qui est faite sous une condition qui,
dans l'intention du testateur, ne fait que suspendre
l'exécution de la disposition : au premier cas, il

suffit que l'héritier institué ou le légataire ait la capacité de recevoir au moment de l'événement de la condition, pourvu cependant qu'il fût existant ou conçu au moment du décès du testateur ; au second cas, c'est au moment de ce décès qu'il doit être capable de recevoir.

CHAPITRE II.

De la Forme des Testamens.

Nous venons de voir quelles étoient les personnes auxquelles la loi permettoit ou non de disposer par testament ; quant à l'espèce de dispositions testamentaires qu'elles peuvent faire, le Code pose en principe que toute personne, que la loi n'en déclare pas incapable, pourra disposer par testament, soit sous le titre d'institution d'héritier, soit sous le titre de legs, soit sous toute autre dénomination propre à manifester sa volonté.

Ainsi la loi ne consacre point de termes solennels, et, de quelque manière que le testateur ait exprimé sa volonté, sa disposition aura son effet suivant les règles relatives aux legs universels, à titre universel ou particulier.

Le testament est un acte de la volonté d'une seule personne, par lequel elle dispose de tout ou de partie de ses biens pour le temps où elle n'existera plus, et qu'elle peut révoquer quand il lui plaît.

Il est tellement de l'essence du testament d'être l'acte de la volonté d'une seule personne, qu'il se-

roit nul s'il contenoit l'expression de la volonté
de deux ou de plusieurs, soit au profit d'un
tiers, soit à titre de disposition réciproque ou mu-
tuelle : dans une pareille disposition, la volonté de
chaque personne n'est pas la sienne exclusivement,
car elle semble dépendre de la volonté de l'autre ;
néanmoins rien ne s'oppose à ce que le testateur
prenne l'avis d'un conseil, il suffit qu'il adopte ses
idées et qu'il se le rende propres.

De ce que le testament doit dépendre uniquement
de la volonté du testateur, il résulte qu'il ne peut
dépendre de la volonté d'un tiers, et que les dispositions faites avec faculté d'élire ne sont plus licites.

Les formalités relatives aux testamens varient,
non-seulement suivant l'espèce d'acte qu'il a plu au
testateur de choisir, mais encore suivant les différentes circonstances dans lesquelles il a pu se trouver placé au moment où il a fait son testament. Dans
quelques circonstances que le testateur se soit trouvé,
quelque soit la forme dans laquelle il ait testé,
il a dû observer, sous peine de nullité, toutes les
formalités prescrites par la loi.

Le Code distingue sept espèces de testamens, qui
feront le sujet d'autant de sections.

SECTION I.

Du Testament olographe.

Le testament olographe est, comme l'indique l'é-
tymologie de ce mot, celui qui est entièrement écrit
de la main du testateur. Pour être valable, il faut

qu'il soit entièrement écrit, daté et signé de la main du testateur; il n'est assujetti à aucune autre forme.

De ce qu'il doit être entièrement écrit de la main du testateur, il suit qu'un seul mot écrit d'une main étrangère, dans le corps du testament, le rendroit nul; car il seroit impossible de dire qu'il a été entièrement écrit de la main du testateur. Si le mot étoit écrit en interligne, il ne rendroit pas le testament nul; seulement il devroit être regardé comme non écrit.

Si l'énonciation de la date est exigée, c'est qu'elle est nécessaire pour juger à cette époque la capacité du testateur, pour reconnoître, parmi plusieurs testamens, celui qui est postérieur et qui révoque les autres. La date peut être mise en chiffres, la loi ne prescrivant pas la manière dont elle sera indiquée. La place qu'elle doit occuper n'est pas déterminée; il suffit qu'elle soit mise avant la signature, qui valide tout. On admet généralement que l'erreur commise dans la date du testament peut être rectifiée, quand on trouve dans l'acte même des élémens matériels et physiques qui la corrigent, la vérifient et la fixent nécessairement, pourvu qu'ils ressortent évidemment *ex propriis verbis testamenti et non extrinsecùs*. Il seroit beaucoup plus difficile de faire déclarer valable un testament dont la date seroit postérieure au décès du testateur; car alors il deviendroit croyable qu'il a voulu suspendre l'effet de son testament jusqu'à l'époque qu'il lui a plu de fixer : *Non intendebat ante testari*.

La dernière et la plus importante formalité, celle qui donne la vie à toutes les autres, c'est la signature. La signature est l'apposition du nom de famille. Dans des cas extrêmement rares, il peut être fait exception à cette règle, et le nom de famille peut être remplacé par un équivalent : elle doit terminer l'acte ; toutes les dispositions qui la suivroient seroient nulles.

Quoique le testament olographe ne soit qu'un acte sous seing privé, la loi lui donne un tel caractère de solennité, qu'il fait foi de sa date et des autres dispositions qu'il contient, lorsqu'il est reconnu véritablement écrit par le testateur.

SECTION II.

Du Testament par Acte public.

Le testament par acte public est celui qui est reçu par deux notaires, en présence de deux témoins, ou par un notaire, en présence de quatre témoins. Si la loi entoure le testament de plus de précautions que les autres actes publics, c'est qu'il importe de soustraire à la ruse et à la fraude un acte qui change souvent l'ordre des naturel successions.

Remarquons, en commençant, que les règles prescrites par la loi du 25 nivôse an XI, sur le notariat, reçoivent ici leur application en tout ce qui ne se trouve pas contraire au Code civil.

Pour recevoir un testament, il faut que les notaires soient compétens, c'est-à-dire que le lieu où

ils le reçoivent soit compris dans l'étendue de leur
ressort, sinon il seroit nul; il suffiroit, même pour
cela, qu'un seul des notaires fût incompétent. Toutefois, si le notaire étoit encore publiquement reconnu pour capable, le testament reçu par lui seroit
valable, d'après la règle : *Error communis facit jus.*
Encore que les notaires soient compétens, il faut
qu'ils figurent dans l'acte comme officiers publics.

D'après la loi de nivôse, les notaires ne peuvent,
à peine de nullité, être parens ou alliés du testateur, ou d'un légataire ou entre eux, en ligne directe à tous les dégrés, en ligne collatérale jusqu'au
degré d'oncle ou de neveu inclusivement; à plus
forte raison ils ne pourroient recevoir un testament
qui contiendroit une disposition en leur faveur personnelle.

Les notaires sont responsables des actes qu'ils
ont passés, et par conséquent de la nullité des testamens, lorsqu'elle est la suite de leur faute; mais
cette peine demande à être appliquée avec beaucoup
de prudence et de modération.

La faculté d'être employé comme témoin dans
les actes est un droit civil dont aucun Français ne
doit être privé que par la loi ou un jugement, si
la nature elle-même ne l'en rend pas incapable. Le
Code ne parle pas des incapacités physiques; il
laisse aux magistrats le soin de décider si les témoins ont pu s'assurer par eux-mêmes de la volonté
du testateur et de l'accomplissement de toutes les
formalités : ainsi, ne semblent pas devoir être admis

comme témoins d'un testament les aveugles, les
·ourds, les sourds et muets, les fous, les furieux,
· ·~· · ts s'ils ne savent pas écrire, tous ceux enfin
qui n'entendent pas la langue du testateur.

La loi enlève cette faculté aux femmes et aux mineurs, en disant que les témoins appelés pour être
présens à un testament doivent être mâles, majeurs,
sujets du roi, jouissant des droits civils; mais il ne
suffit pas qu'ils aient la jouissance des droits civils,
il faut encore qu'ils en aient l'exercice : toutefois il
n'est pas exigé qu'ils aient la jouissance des droits
politiques.

Ne peuvent être pris pour témoins d'un testament, par acte public, ceux qui y sont intéressés
directement ou indirectement, tels sont : les légataires à quelque titre que ce soit, leurs conjoints,
leurs parens ou leurs alliés jusqu'au quatrième degré
inclusivement. Il est aussi quelques personnes que
l'état de dépendance dans lequel elles se trouvent
rend incapables d'être témoins, comme les clercs
des notaires par lesquels les actes sont reçus, les
parens et alliés du notaire dans les degrés prohibés
par la loi de nivôse, les serviteurs du notaire ou
du légataire.

Que si l'un des témoins étoit incapable, le testament tomberoit dans son entier, à moins qu'outre
le témoin incapable, il s'en soit trouvé au testament un assez grand nombre de capables.

Encore qu'un des témoins fût incapable, le testament seroit valable si ce témoin étoit généralement

reconnu pour capable, et s'il s'agissoit d'une incapacité relative aux droits civils ou politiques ; mais l'erreur sur l'âge ou la parenté ne seroit pas aussi facilement couverte par une ignorance facile à dissiper.

Que le testament soit reçu par un ou par deux notaires, il est également dicté par le testateur : ainsi se trouve explicitement établie la prohibition de tester par signes ou en répondant aux interrogations d'autrui ; car dicter, c'est, suivant la définition adoptée par tous les jurisconsultes, prononcer mot à mot ce qui doit être écrit en même temps par un autre. La mention de cette formalité est absolument de rigueur.

Le testament doit nécessairement être écrit par l'un des notaires ou par le notaire, s'il n'y en a qu'un : le testateur lui-même ne pouvoit l'écrire ; il en seroit de même d'un clerc du notaire ou d'un des témoins ; mais rien n'empêche qu'il soit écrit par chacun des notaires l'un après l'autre, puisqu'ils ont tous les deux le pouvoir de l'écrire en entier. La mention que le testament a été écrit par un des notaires, ou le notaire, est exigée aussi, à peine de nullité.

Il ne suffit pas que le testament soit écrit par les notaires ou le notaire, il faut encore qu'il soit écrit tel qu'il a été dicté : le notaire ne peut rien changer à la substance des choses qui lui ont été dictées ; néanmoins, il n'est pas absolument tenu d'employer les mêmes mots, c'est plutôt les pensées qu'il doit s'attacher à rendre ; car il doit lui être permis de corriger les phrases incorrectes. Du reste, peu importe que les dispositions soient conçues à la première ou à la troisième personne.

Lecture du testament doit être donnée au testateur en présence des témoins, et non au testateur et aux témoins séparément : mention de cette lecture doit être faite à peine de nullité. De la nécessité de la lecture, comme formalité substantielle, il résulte que le sourd ne peut faire un testament par acte public ; il en seroit autrement de celui qui auroit seulement l'oreille dure. En quelque endroit que la mention de cette lecture soit placée, elle satisfait au vœu de la loi, pourvu qu'elle soit conçue de manière à faire comprendre qu'elle porte sur les clauses qui la suivent aussi-bien que sur celles qui la précèdent; mais s'il résulte de la rédaction du testament que le notaire s'est contenté de donner lecture d'une partie des dispositions, le testament est nul ; c'est ce qui arrivera lorsque le testateur aura ajouté quelques dispositions après la mention de la lecture.

De tout ce que nous avons dit précédemment, il résulte qu'il doit être fait mention, sous peine de nullité, que le testament a été reçu par deux notaires assistés par deux témoins, ou par un notaire assisté de quatre témoins ; qu'il a été dicté par le testateur; qu'il a été écrit par l'un des notaires ou le notaire, tel qu'il a été dicté ; qu'il en a été donné lecture, par le notaire, au testateur en présence des témoins. Ce n'est pas que ces différentes énonciations ne puissent être valablement remplacées par des équipollences, elles ne sont pas sacramentelles ; cependant il sera toujours plus prudent d'employer les propres termes de la loi pour éviter toute difficulté.

Le testament doit être signé par le testateur : les règles dont nous avons parlé à la section du testament olographe, relativement à la signature du testateur, trouvent ici leur application ainsi que dans toute espèce de testament. Si le testateur déclare qu'il ne sait ou qu'il ne peut signer, il sera fait mention expresse de sa déclaration et de la cause qui l'empêche de signer : le testament pourroit être annulé, si le testateur s'étoit contenté de déclarer qu'il ne savoit écrire ; car beaucoup de personnes savent signer qui ne savent pas écrire. Outre le testateur, le notaire et tous les témoins doivent signer le testament ; néanmoins, dans les campagnes, il suffit qu'un des deux témoins signe, si le testament est reçu par deux notaires, et que deux seuls des quatre témoins signent, s'il est reçu par un notaire ; en effet, sans cette exception, il eût été souvent impossible de tester, par acte public, dans les campagnes, vu la difficulté de trouver un nombre suffisant de témoins qui sussent signer. Mais qu'entend-on par campagne ? C'est un fait dont l'appréciation est abandonnée à la sagesse des tribunaux : par exemple, un village ou un hameau éloigné d'une ville, sans marché ni justice de paix, paroîtroit évidemment tomber dans le sens de la loi.

Bien que le testateur, les témoins et le notaire aient signé le testament, il faut encore que l'acte contienne la mention de ces signatures, et cela à peine de nullité, d'après la loi sur le notariat. Quant à la mention de la signature des notaires, les auteurs, d'accord avec la jurisprudence, enseignent qu'elle n'est pas d'absolue nécessité, attendu que si cette nullité a un but utile en tant qu'elle s'applique au défaut de la mention des signatures des parties ou des témoins qui n'ont pas un caractère authentique, cette raison cesse à l'égard des notaires eux-mêmes, dont la signature est publique et devient la certification des autres.

Il est clair que toutes les énonciations portées au testament par acte public ne peuvent être attaquées que par l'inscription de faux, lorsqu'elles ont un rapport direct à l'acte ; car elles appartiennent alors aux solennités du testament, auxquelles l'attestation des témoins et des notaires imprime la plus complète authenticité.

SECTION III.

Du Testament mystique.

Le testament mystique ou secret est celui que le testateur qui sait lire, écrit ou fait écrire par une autre personne, et présente ensuite, clos et scellé, à un notaire et à six témoins au moins, ou qu'il fait clore et sceller en leur présence, afin qu'ils attestent la déclaration qu'il leur fait que ses der-

4

nières volontés sont contenues dans l'acte qu'il leur présente.

Il résulte de cette définition que les personnes qui ne savent pas lire sont incapables de faire un testament mystique.

Quoique le plus souvent le testateur qui voudra faire un testament mystique l'écrira lui-même, ce testament ne sera pas moins valable lorsque le testateur l'aura fait écrire par une main étrangère et qu'il ne l'aura même pas signé : sa volonté ne seroit donc pas certaine, si la loi n'avoit entouré cette espèce de testament de formalités nombreuses, qui ont toutes pour but de constater l'authenticité des dispositions du testateur.

Lorsque le testateur voudra faire un testament mystique, il signera ses dispositions, qu'il les ait écrites lui-même ou fait écrire par un autre : il présentera à un notaire et à six témoins au moins son testament clos et scellé, ou il le fera clore et sceller en leur présence ; car il est impérieusement soumis par la loi à la double formalité de la clôture et du sceau avec empreinte. Ensuite le testateur déclarera que le contenu dans le papier qu'il présente est son testament, écrit et signé de lui, ou écrit par un autre et signé de lui. Alors qu'il ne saura signer, ou qu'il se sera trouvé dans l'impossibilité de le faire, quand il a fait écrire ses dispositions, il sera appelé un témoin, outre le nombre précédemment fixé, et il sera fait mention de la cause pour laquelle ce témoin aura été appelé.

Le notaire doit dresser procès-verbal de toutes ces formalités sur le testament ou sur la feuille qui lui servira d'enveloppe.

Enfin la dernière formalité à observer, celle qui met le sceau à toutes les autres, c'est la signature de l'acte de suscription, tant par le testateur que par le notaire, et ensemble par les témoins. En cas que le testateur, par un empêchement survenu depuis la signature du testament, ne puisse signer l'acte de suscription, il est fait mention de la déclaration qu'il en fait, sans qu'il soit besoin pour cela d'augmenter le nombre des témoins.

La seule mention que le Code prescrive de faire sous peine de nullité, dans l'acte de suscription, c'est la déclaration du testateur qu'il ne peut signer cet acte par suite d'un empêchement survenu depuis qu'il a signé ses dispositions : il n'est pas indispensable de mentionner l'observation des autres formalités ; d'ailleurs elles résulteront assez ordinairement de l'acte même de suscription. La loi sur le notariat exige encore qu'il soit fait, sous peine de nullité, mention de la signature du testateur et des témoins.

Toutes les opérations, depuis et y compris la présentation au notaire, seront faites de suite et sans divertir à d'autres actes.

Il n'est pas nécessaire que le testament mystique soit daté ; l'acte de suscription indique la date, et le testament est censé fait à la même époque.

Peu importe que le testament ait été écrit par le

testateur, l'héritier, le légataire, le notaire lui-même
ou toute autre personne ; les nullités ne doivent pas
être étendues, et la loi n'en prononce aucune dans
ces différens cas. Nous pensons encore, par induc-
tion du silence de la loi, que les légataires, leurs
parens et alliés peuvent servir de témoins dans un
testament mystique, pourvu qu'ils remplissent les
conditions exigées par l'art. 980. Il en seroit autrement des clercs et des serviteurs du notaire, ainsi
que de ses parens ou alliés aux degrés déterminés
par la loi du 25 nivôse an XI.

Bien plus, le legs fait au notaire qui dresse l'acte
de suscription, ne vicie pas le testament ; car le notaire n'atteste rien qui le concerne personnellement,
et il est censé ignorer les dispositions du testateur.

En cas que le testateur ne puisse parler, mais
qu'il puisse écrire, il pourra faire un testament mystique, à la charge qu'il sera entièrement écrit, daté
et signé de sa main ; de plus, il devra le présenter
au notaire et aux témoins, et écrire, au haut de
l'acte de suscription et en leur présence, que le papier qu'il présente est son testament ; après quoi le
notaire écrira l'acte de suscription, dans lequel il
sera fait mention que le testateur a écrit ces mots
en présence du notaire et des témoins : au reste,
les autres formalités prescrites par l'art. 976 doivent
encore être observées.

Il ne faut pas conclure de l'art. 979 qu'il ne soit
permis à la personne qui ne peut parler de tester
que sous la forme mystique : rien ne s'oppose à ce

qu'elle fasse un testament olographe, puisque la loi ne l'en déclare pas incapable.

Régulier en sa forme, le testament mystique devient un véritable acte authentique par l'acte de suscription que dresse le notaire, c'est-à-dire qu'il n'est plus sujet à la vérification d'écriture ou de signature, et qu'il ne peut être argué que par l'inscription de faux.

SECTION IV.

Du Testament militaire.

En devenant soldat, tout Français n'en continue pas moins à jouir des droits civils dans les limites qui sont compatibles avec l'état militaire : ainsi, lorsqu'il est sur le territoire français, ses droits sont réglés par la loi commune; mais, en temps de guerre, lorsque l'armée est sur le territoire étranger, il y a nécessairement exception. On a donc pensé avec raison que la France étoit momentanément partout où une armée française portoit ses pas; que la patrie, pour des militaires, étoit toujours attachée au drapeau; il a donc fallu leur fournir les moyens de tester, en les exemptant des formalités qui n'auroient fait qu'entraver l'exercice de leurs droits.

Le testament militaire est celui qui est fait par un militaire en activité de service, ou par un individu employé dans les armées comme les chirurgiens, leurs aides, les fournisseurs, les gens attachés aux officiers et quelques autres.

En quelque pays que ce soit, ce testament sera

reçu par un chef de bataillon ou d'escadron, ou par tout autre officier supérieur, en présence de deux témoins; ou par deux sous-intendans militaires qui remplacent les commissaires des guerres, dont parle l'art. 981; ou par l'un de ces sous-intendans, en présence de deux témoins; ou enfin, si le testateur est malade ou blessé, par l'officier de santé en chef, assisté du commandant militaire chargé de la police de l'hospice.

Les témoins appelés aux testamens militaires doivent être mâles, majeurs, et n'être ni commis, ni délégués de celui qui reçoit le testament.

Le testament doit être signé par le testateur et par ceux qui l'ont reçu : si le testateur ne sait, ou ne peut signer, mention sera faite de sa déclaration à ce sujet, et de la cause qui l'empêche de signer; et dans le cas où la présence de deux témoins est requise, le testament sera signé au moins par l'un d'eux, et il sera fait mention de la cause pour laquelle l'autre n'aura pas signé.

Les mentions de l'observation des formalités ne sont pas prescrites à peine de nullité.

Pour pouvoir tester de cette manière, il faut que le testateur soit en expédition militaire, ou en quartier, ou en garnison hors du territoire français; cette faculté ne s'étendroit pas à celui qui seroit en quartier ou en garnison à l'intérieur, à moins qu'il ne se trouvât dans une place assiégée ou dans une citadelle, ou autres lieux dont les portes seroient fermées, et les communications interrompues à cause de la guerre. Les prisonniers chez l'ennemi, même dans une place du territoire français, au pouvoir de l'ennemi, profitent encore de cette faveur.

L'impossibilité de tester dans les formes ordinaires, étant la seule raison qui fasse accorder ce privilége, le testament militaire est nul six mois après que le testateur est revenu dans un lieu où il a la liberté d'employer les formes ordinaires. Si toutefois, avant l'expiration des six mois, on avoit donné ordre au testateur de se transporter dans un lieu où il auroit droit de tester militairement, son testament resteroit valable ; car la condition qui l'auroit annulé de plein droit ne se seroit pas accomplie.

SECTION V.

Du Testament fait pendant une maladie contagieuse.

Le juge de paix ou l'un des officiers municipaux de la commune, assisté de deux témoins, est compétent pour recevoir les testamens dans un lieu avec lequel toute communication est interceptée à cause de la peste ou autre maladie contagieuse, que le testateur soit ou non actuellement atteint de la maladie, pourvu qu'il se trouve dans les lieux qui en sont infectés.

Dans les lazarets ou autres lieux réservés , les testamens sont reçus par un membre de l'autorité sanitaire, en présence de deux témoins.

Ce que nous avons dit relativement aux signa-

tures et aux mentions à faire dans le testament militaire, trouve naturellement ici son application.

Ces testamens deviennent nuls six mois après que
les communications ont été rétablies dans le lieu où
le testateur se trouve, ou six mois après qu'il a passé
dans un lieu où elles ne sont pas interrompues.

SECTION VI.

Du Testament fait sur mer.

Les membres de l'équipage, quels qu'ils soient, les
troupes destinées à une expédition et embarquées,
les passagers mêmes peuvent valablement tester dans
les formes suivantes.

Observons que, pour être valable, le testament
doit nécessairement être fait sur mer et pendant le
cours d'un voyage : le concours de ces deux circonstances est indispensable.

Il est reçu, à bord des bâtimens du Roi, par
l'officier commandant le bâtiment, ou, à son défaut, par celui qui le supplée dans l'ordre du service, l'un ou l'autre conjointement avec l'officier
d'administration ou avec celui qui en remplit les
fonctions; à bord des bâtimens de commerce, il
est reçu par l'écrivain du navire, ou par celui qui
en fait les fonctions, l'un ou l'autre conjointement
avec le capitaine, le maître ou le patron, ou, à
leur défaut, par ceux qui les remplacent.

Sur les bâtimens du Roi, le testament du capitaine ou celui de l'officier d'administration, et, sur

les bâtimens de commerce, celui du capitaine, du maître ou patron, ou de l'écrivain, seront reçus par ceux qui viennent après eux dans l'ordre du service, en se conformant aux dispositions précédentes.

Ces testamens devront toujours être reçus en présence de deux témoins.

Quant aux signatures et mentions à faire, il faut suivre les règles déjà tracées pour le testament militaire.

Dans tous les cas, il doit être fait un double original des testamens dont il s'agit.

Si le bâtiment aborde un port étranger dans lequel se trouve un consul de France, ceux qui auront reçu le testament seront tenus de déposer l'un des originaux, clos et cacheté, entre les mains de ce consul, qui le fera parvenir au ministre de la marine, et celui-ci en fera faire le dépôt au greffe de la justice de paix du lieu du domicile du testateur.

Au retour du bâtiment en France, soit dans le port de l'armement, soit dans un port autre que celui de l'armement, les deux originaux du testament, également clos et cachetés, ou l'original qui resteroit, si, conformément à ce que nous venons de dire, l'autre avoit été déposé pendant le cours du voyage, seront remis au bureau du préposé à l'inscription maritime : ce préposé les fera passer sans délai au ministre de la marine, qui en ordonnera le dépôt au greffe de la justice de paix du lieu du domicile du testateur.

Mention est faite, sur le rôle du bâtiment, à la marge du nom du testateur, de la remise qui aura été faite des originaux du testament, soit entre les mains d'un consul, soit au bureau d'un préposé à l'inscription maritime.

Il n'y auroit pas lieu au privilége, et le testament ne seroit pas réputé fait en mer, quoiqu'il l'ait été pendant le voyage, si, à l'époque où il a été fait, le navire avoit abordé une terre, soit étrangère, soit de la domination française, où il y auroit un officier public français : pour être valable, dans le premier cas, il faudroit qu'il eût été rédigé suivant les formes usitées dans le pays où il aura été fait; au second cas, suivant celles communément exigées par la loi française.

Craignant une influence difficile à repousser, le législateur a déclaré les officiers du vaisseau incapables de retirer aucun profit d'un testament fait sur mer, à moins qu'il ne fussent parens du testateur. Bien entendu que l'officier supérieur peut instituer héritiers les autres officiers qui lui sont subordonnés, puisque alors le motif de la prohibition ne subsiste plus.

Mais la loi ne déterminant pas le degré de parenté, et toute autre détermination étant arbitraire, il semble juste de dire que les parens au degré successible sont capables de recevoir du testateur.

Le testament fait en mer, conformément aux règles qui viennent d'être tracées, n'est valable qu'autant que le testateur meurt en mer, ou dans les trois mois après qu'il est descendu à terre et dans un lieu où il a pu le refaire dans les formes ordinaires. Que si le testateur s'étoit remis en mer avant l'expiration des trois mois, son testament ne seroit pas annulé.

SECTION VII.

Du Testament fait par le Français en pays étranger.

Le Français qui se trouve en pays étranger peut faire ses dispositions testamentaires de deux manières : ou dans la forme olographe, lors même que les lois du pays qu'il habite n'admettroient pas cette forme de testament, ou bien par acte authentique avec les formes usitées dans le pays où cet acte est passé, conformément à la règle *locus regit actum*.

Afin que les héritiers légitimes soient avertis de l'existence du testament, et puissent examiner sa validité, qu'il soit olographe ou authentique, il ne pourra être exécuté sur les biens situés en France, qu'après avoir été enregistré au bureau du domicile du testateur, s'il en a conservé un, sinon au bureau de son dernier domicile connu en France ; et dans le cas où le testament contiendroit des dispositions d'immeubles qui y seroient situés, il devra être, en outre, enregistré au bureau de la situation de ces immeubles, sans qu'il puisse être exigé un double droit.

CHAPITRE III.

Des différentes Espéces de Legs.

L'institution d'héritier diffère essentiellement du legs, dans le sens propre des mots ; la première confère le droit de succéder à la personne, l'autre n'établit que la succession aux biens.

Selon les principes du droit romain, suivis dans nos pays de droit écrit, l'institution d'héritier étoit indispensable pour la validité du testament, tandis que, dans nos pays de coutumes, la loi seule faisoit les héritiers et ne reconnoissoit pas ce pouvoir à la volonté de l'homme. Cette volonté pouvoit bien grever l'héritier légitime de charges plus ou moins étendues, mais non le dépouiller de son titre, ni opérer la saisine en faveur d'un autre ; et l'ordonnance de 1735 avoit maintenu les différences qui existoient à ce sujet entre les pays coutumiers et ceux de droit écrit. Le Code civil, tout en établissant une législation uniforme, a néanmoins laissé à chacun la faculté de disposer de ses biens sous la dénomination qui lui conviendra, et qui sera propre à manifester sa volonté ; il veut cependant que le légataire universel soit saisi de plein droit, sans être tenu de demander la délivrance, lorsque le testateur ne laissera pas d'héritiers à réserve : il semble donc autoriser, dans ce cas, l'institution d'héritier, quoiqu'il ne l'exige jamais pour la validité du testament.

Le législateur confond, sous la dénomination générale de legs, toute disposition par laquelle une
personne fait passer à une autre, par acte de dernière
volonté, tout ou partie de ses biens, et il en règle
diversement les effets, sans s'attacher à la dénomination sous laquelle il a plu au testateur de la faire,
suivant qu'elle est universelle, à titre universel ou
ou particulier.

SECTION I.

Du Legs universel.

Le legs universel est la disposition testamentaire
par laquelle le testateur donne, conjointement à une
ou plusieurs personnes, l'universalité des biens qu'il
laissera à son décès : c'est donc le droit originaire
ou même éventuel à l'universalité des biens du testateur qui forme le véritable caractère du legs universel, qui conserveroit encore ce caractère bien
qu'il fût grevé de charges nombreuses qui en épuise-
roient la totalité.

Lorsqu'au décès du testateur il y a des héritiers
auxquels une quotité des biens est réservée par la
loi, ces héritiers sont saisis de plein droit, par sa
mort, de tous les biens de la succession, et le légataire universel est tenu de leur demander la délivrance des biens dont le testateur a disposé à son
profit.

Suivant les principes du Code, la saisine des héritiers réservataires a lieu de plein droit ; le testateur ne pourroit donc pas la leur enlever pour l'at-

tribuer au légataire universel : ce légataire n'en
devroit pas moins demander la délivrance, sans qu'il
lui fût permis de se mettre en possession des biens
avant de l'avoir obtenue. Néanmoins, dans les cas
mêmes où il y a des héritiers à réserve, le légataire
universel a la jouissance des biens compris dans le
testament. Lorsqu'il forme sa demande en délivrance
dans l'année de la mort du testateur, sa jouissance
commence à partir du jour du décès, parce qu'à ce
moment, quoiqu'il n'ait pas été saisi de la possession,
il a cependant été saisi d'une quote-part de la propriété de la masse héréditaire que les fruits ont aug-
mentée, *fructibus augetur hereditas ;* mais, s'il laisse
écouler une année sans demander la délivrance, les
héritiers saisis ont pu croire qu'il avoit renoncé à
son legs, ils ont alors possédé de bonne foi et acquis
les fruits , sa jouissance ne commence donc que du
jour de la demande formée en justice, ou du jour
que la délivrance aura été volontairement consentie.
Il est bon de remarquer ici que les fruits seroient
aussi dus au légataire universel du jour du décès,
s'il avoit cité les réservataires en conciliation dans
l'année, pourvu que la citation ait été suivie d'une
demande en justice dans le mois, à dater du jour
de la non-comparution ou de la non-conciliation.

Que s'il n'y avoit pas d'héritiers à réserve, le légataire seroit saisi de plein droit par la mort du testateur, sans être tenu de demander la délivrance ;
car alors il auroit tous les droits qu'auroit eu l'héritier légitime, et conséquemment la possession,

parce qu'il succède, comme lui, à l'universalité des biens du défunt et qu'il est son représentant.

L'existence d'ascendans n'empêcheroit pas, dans tous les cas, le légataire universel d'être saisi, il faudroit pour cela qu'ils fussent dans l'ordre où la loi les appelleroit à succéder, puisque c'est seulement dans cet ordre qu'ils ont droit à la réserve. L'existence d'un enfant naturel reconnu ne suffiroit pas non plus pour empêcher le légataire universel d'être saisi; en effet, quoique l'enfant ne puisse être privé de la totalité de ce que la loi lui accorde, et que, sous ce point de vue, il semble avoir une réserve, il n'est cependant pas héritier.

Néanmoins cette saisine du légataire, toujours subordonnée à la sincérité et à la validité du titre qui l'établit, ne peut produire tous ses effets qu'autant que ce titre a le caractère d'authenticité nécessaire pour entraîner après lui la présomption de validité : aussi, lorsque le testament est fait par acte public, le légataire peut-il prendre possession des biens, sans avoir besoin de remplir aucune formalité; mais, si le testament est olographe ou mystique, il doit se faire envoyer en possession par une ordonnance du président du tribunal de l'ouverture de la succession, mise au bas d'une requête à laquelle doit être jointe expédition de l'acte de dépôt du testament.

Ce dépôt et les formalités qui le précèdent doivent avoir lieu sans égard à la nature de la disposition testamentaire, ou à la qualité des héritiers légitimes.

Pour parvenir à ce but, tout testament olographe, avant d'être mis à exécution, est présenté au président du tribunal de première instance dans l'arrondissement duquel la succession a été ouverte. Ce testament est ouvert, s'il est cacheté, par le président, qui dresse procès-verbal de la présentation, de l'ouverture et de l'état du testament dont il ordonne le dépôt entre les mains d'un notaire par lui commis.

Le testament est-il dans la forme mystique, sa présentation, son ouverture, sa description et son dépôt sont faits de la même manière ; mais son ouverture est, en outre, accompagnée d'une solennité particulière ; elle a lieu en présence du notaire et des témoins signataires de l'acte de suscription : toutefois leur présence n'est pas absolument nécessaire, il suffit qu'ils soient appelés, et l'on n'appelle même que ceux qui sont sur les lieux.

C'est après l'accomplissement de ces formalités, et en justifiant du dépôt effectué chez le notaire désigné, que le légataire universel obtient, sur requête, ordonnance d'envoi en possession.

Le Code de procédure contient aussi, aux art. 916 et 917, quelques dispositions conservatrices du testament.

Les héritiers légitimes, en attaquant la validité du testament devant le tribunal de l'ouverture de la succession, peuvent s'opposer à la mise en possession des légataires universels. Observons que, si le testament étoit olographe, les héritiers légitimes pourroient se borner à méconnoître l'écriture de leur auteur, et qu'alors le légataire universel seroit obligé de prouver la validité du testament.

Il est clair que le légataire universel auquel la loi accorde la saisine doit acquitter toutes les dettes et charges de la succession; mais celui qui concourt avec un héritier à réserve n'est tenu des dettes et charges que personnellement pour sa part et portion et hypothécairement pour le tout. Il en est autrement des legs : ils ne peuvent aucunement entamer la réserve ; ils doivent donc être acquittés en entier par le légataire universel, sauf le cas de réduction pour fournir les réserves, comme il est expliqués aux art. 926 et 927.

SECTION II.

Du Legs à titre universel.

Il y a legs à titre universel lorsque le testateur lègue, soit une quote-part de tous ses biens indistinctement, soit une quotité de la portion disponible, soit tous ses immeubles, soit tout son mobilier, soit une quotité fixe de ses meubles ou de ses immeubles : tout autre legs ne forme qu'une disposition à titre particulier.

Tous ces legs peuvent être faits en usufruit aussi bien qu'en propriété : le legs de l'universalité de l'usufruit ne seroit même qu'un legs à titre universel.

A la différence du légataire universel, le léga-

5

taire à titre universel n'est jamais saisi de plein droit : il est tenu de demander la délivrance aux héritiers réservataires ; à leur défaut, aux légataires universels ; à défaut de ceux-ci, aux héritiers appelés dans l'ordre établi au titre des successions : de sorte que, lors même que le testateur auroit épuisé sa fortune en legs, et qu'il ne resteroit rien aux héritiers légitimes, le légataire à titre universel n'en seroit pas moins tenu de leur demander la délivrance.

L'art. 1011 suppose évidemment qu'il peut y avoir, tout à la fois, legs universel et legs à titre universel. Bien qu'un des deux légataires ne recueille pas, l'autre legs doit néanmoins sortir son plein et entier effet de la même manière que s'il eût été fait seul : si les deux légataires recueillent, le legs universel se trouve simplement réduit par ce concours.

Malgré le silence du Code, nous pensons que le légataire à titre universel, comme le légataire universel, a la jouissance des biens à lui légués, à partir du jour du décès du testateur, s'il forme sa demande dans l'année à compter de ce décès, sinon que cette jouissance ne doit commencer que du jour de la demande en justice ou de la délivrance volontaire ; en effet, la raison qui veut que le légataire universel ait droit à cette jouissance, quoiqu'il y ait des héritiers réservataires, est la même pour le légataire d'une portion seulement.

Le légataire à titre universel est tenu, comme le

légataire universel, des dettes et charges de la succession personnellement pour sa part et portion,
et hypothécairement pour le tout.

La contribution aux dettes et charges, par le légataire universel ou à titre universel de l'usufruit,
est soumise à des règles particulières qui forment
l'objet des articles 610, 611 et 612.

Quant au paiement des legs particuliers, le légataire à titre universel n'en est pas tenu lorsqu'il
y a un légataire universel ; mais si le testateur n'a
disposé que d'une partie de la quotité disponible,
et s'il l'a fait à titre universel, ce légataire peut
concourir avec des héritiers qui n'ont pas de réserve, et alors chacun contribue pour sa part à l'acquittement des legs particuliers : il peut aussi concourir avec des héritiers réservataires, sans que la
réserve soit entamée ; dans ce cas, il est juste que
l'héritier, qui trouve dans la succession au d.   de
la réserve, contribue, avec le légataire à titre universel, à l'acquittement des legs particuliers. Mais
si le légataire à titre universel étoit en concours
avec des héritiers réservataires, et que son legs
égalât ou excédât la quotité disponible, il seroit
seul tenu de tous les legs.

Les legs de corps certains, à prendre sur les
effets de la succession, sont fournis par ceux qui recueillent l'espèce de biens dont ces legs font partie,
specialia generalibus derogant.

Il ne faut pas perdre de vue que le testateur peut
changer, par son testament, le mode de contribu-

tion aux dettes et charges de sa succession ainsi qu'au paiement des legs.

SECTION III.

Des Legs particuliers.

Suivant les art. 1003, 1010 et 1013 combinés, tout legs qui n'est pas de l'universalité ou d'une quote-part de l'universalité des biens, du disponible ou d'une portion du disponible, de tous les meubles ou de tous les immeubles, ou enfin d'une quote-part des uns ou des autres, est un legs à titre particulier.

Il y a aussi des legs à titre particulier en usufruit, qu'il faut bien se garder de confondre avec les legs à titre universel en usufruit ; car ils diffèrent en quelques points, principalement pour le paiement des dettes.

Le legs qu'aura fait le testateur de sa créance sur un tiers, de son intérêt dans une société, d'un fonds, même de toutes ses vignes, de tous ses biens des colonies ou de tel département, d'une succession, etc., ne sera qu'un legs particulier.

On peut généralement léguer toute espèce de biens, meubles ou immeubles, corporels ou incorporels, pourvu qu'ils soient dans le commerce.

Les legs particuliers peuvent comprendre des corps certains et déterminés, ou même des choses indéterminées, pourvu cependant qu'elles soient dé-
ninables ; elles le sont par la désignation d'un genre, ou par la mesure ou par le nombre.

Quoiqu'en thèse générale, le legs de la chose d'autrui soit nul, il n'est cependant pas de rigueur que le testateur laisse dans son patrimoine des choses de l'espèce léguée ; mais il faut distinguer si elles sont léguées comme quantités ou comme corps : au premier cas, ce n'est qu'une charge imposée à l'héritier, et le legs est valable ; au second, il est valable, si la chose léguée appartient à une classe ou à une espèce dont les individus ont une valeur commune généralement déterminable, et nul, si l'objet légué est compris sous le nom donné à une classe de choses dont la valeur n'a pas une base commune et déterminable. Rien n'empêche aussi que le legs ne comprenne des choses futures, par exemple, des récoltes.

Comme nous venons de le dire et contrairement aux principes du droit romain, la loi déclare nul le legs de la chose d'autrui, sans s'occuper si le testateur a connu ou non qu'elle ne lui appartenoit pas. Lorsque le legs de la chose d'autrui ne fait que créer une obligation alternative, il n'est pas nul ; car cette obligation n'est pas moins valable, quoiqu'une des choses qui en fait la matière n'y puisse être comprise.

Le legs de la chose de l'héritier seroit valable, lors même que l'héritier seroit réservataire, pourvu qu'il lui restât une part de la succession plus considérable que sa réserve. Il y aura lieu de décider ainsi, surtout lorsqu'il apparoîtra que c'étoit une charge ou une condition que le testateur vouloit

imposer ; car il étoit maître de restreindre sa libéralité ou de faire la loi à son héritier légitime, alors
qu'il lui laissoit une quotité de biens plus considérable que sa réserve.

Le legs de l'usufruit d'un fonds dont le testateur
n'auroit que la nue-propriété, seroit valable, seulement il ne produiroit son effet que du moment où
l'usufruit auroit pris fin.

Fait au créancier ou au domestique, le legs ne
sera pas censé fait en compensation de la créance
ou des gages ; néanmoins la manifestation de l'intention contraire est réservée au testateur.

En général, le choix appartient au débiteur ; si
donc le legs est d'une chose indéterminée, le choix
appartient à l'héritier qui n'est pas obligé de la donner de la meilleure qualité, sans toutefois pouvoir
l'offrir de la plus mauvaise. Le testateur peut aussi
donner le choix au légataire, et alors ce dernier
choisit, mais d'après les règles auxquelles est soumis l'héritier. Si le legs étoit fait sous une condition alternative, celui qui auroit le droit de choisir
pourroit prendre la meilleure chose, de même que
le débiteur pourroit se contenter de livrer la plus
mauvaise. Si celui auquel le choix a été déféré mou-
roit avant de l'avoir fait, il est clair que le choix
passeroit à ses héritiers.

L'accessoire suit toujours le principal ; la chose
léguée doit donc être délivrée avec les accessoires
nécessaires qui ne font qu'une seule et même chose
avec elle ; de plus, elle doit être délivrée dans

l'état où elle se trouve au moment du décès du testateur.

Le titre de la distinction des biens reçoit ici son application, pour faire connoître ce qui tombe dans le legs, des meubles ou des immeubles.

Lorsque celui qui a légué la propriété d'un immeuble l'a ensuite augmenté par des acquisitions, ces acquisitions, fussent-elles contiguës, ne sont pas censées, sans une nouvelle disposition, faire partie du legs. L'art. 1019 emploie le mot propriété dans un sens purement explicatif : aussi le legs d'un usufruit ne devroit-il pas non plus s'étendre aux acquisitions, sans une nouvelle disposition.

Quant aux embellissemens ou constructions nouvelles faites sur le fonds légué, ils appartiennent au légataire comme accessoires du fonds; il en seroit de même d'un enclos dont le testateur auroit augmenté l'enceinte.

De ce que la chose doit être délivrée dans l'état où elle se trouve, il suit que si, avant ou depuis le testament, la chose léguée a été hypothéquée pour une dette de la succession, ou même pour la dette d'un tiers, ou si elle est grevée d'un usufruit, celui qui doit acquitter le legs n'est point tenu de le dégager, à moins qu'il n'ait été chargé de le faire par une disposition expresse du testateur. Mais il ne faut pas conclure de ce que nous venons de dire que la dette à laquelle est affectée le bien légué reste à la charge du légataire à titre particulier, si, par suite de l'action hypothécaire, il est obligé de payer la dette dont l'immeuble légué est grevé; car il demeure subrogé aux droits du créancier contre les héritiers et successeurs à titre universel.

Les choses léguées n'étant distraites de la masse héréditaire que par la délivrance, les fruits accroissent jusque-là à cette masse; le légataire particulier ne peut donc se mettre en possession de la chose léguée, ni en prétendre les fruits ou intérêts qu'à compter du jour de sa demande en délivrance, formée suivant l'ordre établi par l'art. 1011, ou du jour auquel cette délivrance lui auroit été volontairement consentie.

Au cas où le légataire posséderoit comme locataire ou fermier, le prix du louage continueroit à courir tant qu'il n'auroit pas formé sa demande en délivrance ou qu'elle n'auroit pas été consentie volontairement.

La loi, établissant elle-même une exception à cette règle, fait courir de plein droit, au profit du légataire, les intérêts ou fruits de la chose léguée dès le jour du décès du testateur, et sans qu'il soit besoin de demande en justice : 1.º lorsque le testateur a expressément déclaré sa volonté à cet égard dans le testament; 2.º lorsqu'une rente viagère ou une pension a été léguée à titre d'alimens : c'est qu'alors la volonté du testateur ou les besoins du légataire l'emportent sur toute autre considération.

Mais la demande en délivrance doit nécessairement occasioner des frais : par qui seront-ils sup-

portés? Par la succession. Néanmoins, c'est au légataire à acquitter le droit d'enregistrement dû pour
la mutation qui s'opère à son bénéfice. Le tout sauf
disposition contraire de la part du testateur, sans
qu'il puisse toutefois en résulter de réduction de la
réserve légale.

Pour éviter l'inconvénient qui résultoit autrefois
de l'indivisibilité de l'enregistrement, le législateur
a voulu que chaque legs pût être enregistré séparément, sans que cet enregistrement pût profiter à
aucun autre qu'au légataire ou à ses ayans-cause.

. L'universalité des dettes est une charge de l'universalité des biens; les légataires universels et à titre
universel sont donc tenus de les acquitter; mais on
ne peut dire que les dettes pèsent sur un objet dé-
terminé : ainsi le légataire à titre particulier n'est pas
tenu des dettes de la succession, sauf la réduction
du legs et l'action hypothécaire des créanciers,
comme nous l'avons précédemment expliqué.

SECTION IV.

Modalités dont peuvent être affectés les Legs.

De même que le testateur peut faire un legs pur
et simple, il peut aussi y mettre un terme ou une
condition; car il lui est toujours permis de restreindre
sa libéralité. Au surplus, pour réunir sous un seul
point de vue les clauses principales qui peuvent mo-
difier les legs, nous dirons que la disposition peut
être pure et simple, à terme, conditionnelle, avec

charge, à titre rémunératoire ou avec expression de cause, avec démonstration, avec assignat simplement démonstratif ou limitatif.

Le legs est pur et simple, toutes les fois que le testateur n'a apposé ni terme ni condition à sa libéralité : il suffit au légataire de survivre au testateur pour avoir, du jour du décès de ce dernier, un droit à la chose léguée, droit qu'il transmet à ses héritiers ou ayans-cause, s'il vient à mourir avant d'avoir été mis en possession.

Lorsque le testateur a fixé un délai pour l'exécution de la disposition, le legs est à terme ; son effet est le même que celui du legs pur et simple, quant au droit du légataire sur la chose et à la transmission à ses héritiers : il existe une seule différence, c'est que la délivrance ne peut être exigée qu'à l'expiration du délai fixé.

Il n'est pas douteux que le testateur ne puisse imposer à son légataire toute espèce de conditions, pourvu qu'elles ne soient contraires ni aux lois ni aux bonnes mœurs, auquel cas elles seroient regardées comme non écrites et ne vicieroient pas le testament.

Quant au legs conditionnel, il importe de distinguer si le testateur n'a voulu que suspendre l'exécution de sa disposition jusqu'à l'événement, ou si la disposition est telle qu'il paroisse avoir été dans son intention qu'elle n'ait d'effet qu'autant que l'événement arrivera ou n'arrivera pas : au premier cas, on peut dire que le legs est pur et simple pour la transmission aux héritiers du légataire, et à terme pour ce qui concerne l'exigibilité; au second cas, le droit du légataire ne peut naître avant l'événement de la condition : il suit de là que, s'il meurt avant cet événement, il ne transmet rien à ses héritiers.

Pour que le legs soit conditionnel, il faut nécessairement qu'il dépende d'un événement futur et incertain; car, si l'événement étoit déjà accompli au moment de la confection du testament, il ne sauroit rendre le legs conditionnel; s'il n'étoit pas incertain, le legs seroit à terme.

La condition de ne pas faire, mise à la disposition, nécessite une distinction alors qu'elle ne doit pas être réputée non écrite. En effet, elle peut être de nature à s'accomplir du vivant du légataire, qui n'a droit de demander le legs qu'après l'accomplissement de la condition : elle pourroit aussi être de nature à ne se vérifier qu'à la mort du légataire, et il faudroit, *stricto jure*, attendre sa mort pour juger si la condition s'est accomplie ou non; et, en supposant l'affirmative, le legs ne seroit payable qu'à ses héritiers; toutefois, nous penchons à croire que le légataire devroit être admis à demander de suite la délivrance du legs, à la charge de donner caution qu'au cas où il controviendroit à la condition, il restitueroit la chose avec les fruits perçus et tous les avantages qu'il en auroit retirés.

Les conditions doivent être accomplies suivant l'intention présumée du testateur. Il faut considérer les motifs qu'il a pu avoir en imposant celle qu'il a mise à sa disposition, et c'est ce qui fera voir bien souvent une simple charge dans la disposition, quoique le testateur ait employé le mot condition.

Les romains n'admettoient pas qu'un legs pût dépendre d'une volonté étrangère ; ils n'admettoient même pas que le legs dépendît de la volonté de l'héritier : il en est de même sous l'empire du Code civil.

Tant que la condition suspensive n'est pas accomplie, la propriété et la jouissance du legs appartiennent à celui qui doit le délivrer ; néanmoins le légataire a la faculté de faire tous les actes conservatoires de son droit.

Il faut se garder de confondre le legs fait sous une charge et le legs conditionnel. Il y a bien similitude en ce sens que la charge, comme la condition, doit, en général, être remplie, à peine de révocation du legs ; mais, il y a cette différence immense, entre la charge et la condition suspensive, que la charge ne suspend pas l'effet de la disposition, et n'empêche pas le légataire de demander de suite la délivrance du legs, tandis qu'il seroit obligé, pour demander le legs fait sous une condition suspensive, d'attendre l'événement de la condition.

Si la charge imposée au légataire étoit contraire aux lois ou aux bonnes mœurs, elle seroit réputée non écrite, comme le seroit une condition proprement dite. On devroit décider de la même manière, s'il étoit impossible au légataire d'exécuter la charge par une circonstance indépendante de sa volonté ;

mais il en seroit autrement, en général, si l'impossibilité d'exécuter la charge étoit seulement relative à la personne du légataire.

Le legs peut être fait en vue de récompenser les services que le légataire a rendus au testateur, ou de l'indemniser de quelque dépense : ce legs a donc son motif dans le passé, tandis que le legs avec charge a son motif dans le futur.

La fausseté de la cause ne vicie pas le legs ; *nam ratio legandi legato non cohæret,* disent les jurisconsultes romains, et la véritable cause du legs est dans les sentimens bienveillans du testateur pour le légataire : cependant la preuve contraire doit être réservée à l'héritier, c'est-à-dire que, pour se refuser à payer le legs, l'héritier pourra exciper de ce qu'il n'a été fait qu'en considération de la cause qui se trouve fausse ; au reste cette preuve sera toujours difficile, pour ne pas dire impossible à faire.

Il est aussi des legs faits avec démonstration : cette démonstration concerne la personne du légataire ou la chose léguée.

En général, la fausse démonstration ne vicie pas le legs, quand on reconnoît facilement la personne à laquelle le testateur a voulu léguer. Le legs seroit également valable quoique le testateur n'auroit pas désigné le légataire par ses noms véritables, pourvu qu'il n'y ait pas d'incertitude sur la personne du légataire qu'il aura pu indiquer par quelque dénomination équivalente ; *nam demonstratio plerumque vice nominis fungitur.*

Par suite des mêmes principes, les fausses indications relatives à la chose léguée ne vicient pas non plus le legs : l'essentiel est que l'on reconnoisse clairement ce que le testateur a voulu léguer; or, les circonstances du fait peuvent aisément conduire à ce résultat; mais le legs seroit nul, si le testateur avoit erré sur l'objet lui-même. En effet, celui qui énonce une autre chose que celle qu'il a en vue, paroît ne rien énoncer, et par conséquent ne rien léguer; au reste, ce sera à l'héritier à prouver que l'intention du défunt n'étoit pas de léguer la chose qu'il a dénommée dans le testament, ce qui sera d'une difficulté presque toujours insurmontable.

Il y a encore le legs fait avec assignat démonstratif, ou bien avec assignat limitatif. Le premier est fait seulement avec désignation de la chose qui doit servir à son acquittement, sans que le testateur ait entendu le subordonner à l'existence de cette chose; ainsi quand même cette chose ne pourroit, par un événement quelconque, servir à acquitter le legs, il n'en seroit pas moins dû : au contraire, le legs est fait avec assignat limitatif, lorsqu'en désignant la chose qui devoit servir à l'acquitter, le testateur a manifesté l'intention de le faire dépendre de l'existence de la chose désignée; en conséquence, l'héritier est délivré de toute responsabilité par la perte de la chose, ou dans le cas de sa non existence.

SECTION V.

Des Actions qui résultent des Legs en général.

La volonté du testateur seroit impuissante si la loi n'accordoit pas aux légataires les moyens de se mettre en possession de la chose qui leur a été léguée : de là résultent plusieurs sortes d'actions suivant les diverses espèces de legs, et même suivant les personnes contre lesquelles elles sont dirigées.

Le legs universel, s'il y a des héritiers à réserve, et le legs à titre universel, lors même qu'il n'y auroit pas d'héritiers de cette qualité, donnent au légataire une action appelée par la loi demande en délivrance : dans le fonds, cette action se confond avec la pétition d'hérédité, puisque, par elle, le légataire demande la délivrance d'une partie de l'hérédité.

Mais s'il s'agit d'un legs universel, et qu'il n'y ait pas d'héritiers à réserve, alors l'action est véritablement la pétition d'hérédité.

A moins que le legs lui-même ne soit d'une hérédité échue au défunt, le légataire particulier n'a point la pétition d'hérédité : la raison de cette exception est évidente, c'est que le légataire a contre les tiers détenteurs la même action qu'avoit le défunt.

Que le legs soit d'une chose indéterminée, ou qu'il consiste dans un fait, le légataire a l'action personnelle.

Si le legs étoit d'un corps certain, le légataire

cumuleroit la revendication contre les tiers détenteurs avec l'action personnelle contre les héritiers
qui seroient tenus de lui délivrer le legs.

Les héritiers du testateur ou autres débiteurs d'un
legs sont personnellement tenus de l'acquitter, chacun au prorata de la part et portion dont il profite dans la succession ; ils en sont tenus hypothécairement pour le tout, jusqu'à concurrence de la
valeur des immeubles dont ils sont détenteurs.
Remarquons que cette hypothèque n'est établie que
contre les héritiers débiteurs du legs ; car il peut
arriver que le testateur charge un seul de ses héritiers, ou même un légataire, d'acquitter un legs :
l'action hypothécaire est donc accordée aux légataires, mais seulement sur les biens provenant de la
succession, et non sur ceux de l'héritier.

Pour conserver son hypothèque, le légataire doit
prendre inscription dans les six mois ; pendant ce
temps, aucune inscription ne peut être prise à son
préjudice.

Les légataires ont aussi, pendant trois ans, le
privilége de demander que les meubles de la succession soient séparés de ceux de l'héritier, afin
d'être payés de préférence aux créanciers de ce
dernier.

Enfin l'action réelle que le légataire peut exercer,
naît du droit de propriété qui lui est acquis de plein
droit du jour du décès du testateur.

CHAPITRE IV.

Des Exécuteurs testamentaires.

Pour assurer l'exécution de leur volonté, dont l'effet pourroit être retardé ou éludé par la négligence ou la mauvaise foi des héritiers, le législateur a permis aux testateurs de nommer un ou plusieurs exécuteurs testamentaires.

Il importe de bien fixer la véritable nature de la charge d'exécuteur testamentaire : ce n'est point une fonction publique, mais un office d'ami, qui tient essentiellement à la nature du mandat, et qui en diffère cependant en ce que, loin de cesser à la mort du mandant, il ne fait, au contraire, que commencer à cette époque.

Il suit de là que nul n'est tenu d'accepter les fonctions d'exécuteur testamentaire ; cependant celui auquel elles auroient été déférées en même temps qu'un legs, devroit être privé du legs, si le testateur avoit manifesté l'intention que le legs ne fût acquitté qu'autant que la charge seroit remplie. Si l'exécuteur testamentaire avoit déjà commencé à remplir ses fonctions, il seroit tenu de les continuer, *voluntatis est enim suscipere mandatum, necessitatis consummare ;* mais rien ne l'empêcheroit de s'en faire exempter, s'il se trouvoit dans l'impossibilité de les continuer sans éprouver lui-même un préjudice considérable.

Le testateur constitue l'exécuteur testamentaire

dans l'intérêt des légataires, quelquefois aussi dans celui des héritiers légitimes; il est médiateur entre les uns et les autres : sa mission consiste encore à faire exécuter les volontés du défunt dont personne n'auroit intérêt à poursuivre l'exécution.

Puisque celui qui accepte l'exécution testamentaire contracte toutes les obligations d'un mandataire, celui qui ne peut s'obliger ne peut être exécuteur testamentaire.

Le mineur, émancipé ou non, ne sauroit l'être, même avec l'autorisation de son tuteur ou de son curateur, quoique ordinairement le mineur émancipé puisse être choisi pour mandataire : la raison de différence vient de ce que les exécuteurs testamentaires administrent les biens des héritiers et des légataires qui sont étrangers à leur nomination, tandis que, dans le mandat ordinaire, le mandant ne peut imputer qu'à lui seul d'avoir mal placé sa confiance. Il en est de même des interdits, qui sont assimilés aux mineurs en tutelle.

De ce que la femme mariée ne s'oblige valablement qu'avec le consentement de son mari, il suit qu'elle ne peut accepter l'exécution testamentaire qu'avec ce consentement : toutefois, si elle est séparée de biens, soit par contrat de mariage, soit par jugement, elle le peut avec le consentement de son mari, ou, à son refus, autorisée par la justice conformément aux art. 217 et 219. Remarquons la différence établie entre le cas où la femme est séparée de biens et celui où elle ne l'est pas :

au premier, le consentement du mari est indispensable, tandis que, dans le second, l'autorisation de justice suffit alors que le mari n'a plus autant d'intérêt à s'opposer à l'accceptation de sa femme.

Rien n'empêche que l'exécuteur testamentaire ne soit pris parmi les héritiers légitimes et les légataires, même parmi les témoins du testament; et, dans ce dernier cas, l'acte testamentaire ne devroit pas être annulé, parce que le défunt lui auroit fait un présent, foible dédommagement de peines et de soins minutieux.

Ces fonctions, n'étant pas publiques, seroient très valablement conférées à un étranger.

Comme l'exécution testamentaire a pour objet l'accomplissement des volontés du testateur, et surtout l'acquittement des legs qu'il a faits, il est donc nécessaire de procurer à l'exécuteur testamentaire le moyen de satisfaire à ses différentes obligations; en conséquence, la loi permet au testateur de lui donner la saisine de tout ou de partie de son mobilier.

La saisine n'est qu'une conséquence du mandat, et ne nuit en rien aux droits de l'héritier naturel, qui n'en a pas moins la saisine légale de toute la succession, et l'exécuteur testamentaire ne possède qu'en son nom : aussi cet héritier peut-il faire cesser la saisine de l'exécuteur testamentaire, en offrant de lui remettre somme suffisante pour le paiement des legs mobiliers, ou en justifiant de ce paiement.

Contrairement à nos anciennes coutumes, la saisine n'a plus lieu de plein droit, et les exécuteurs testamentaires ne seroient pas admis à l'exiger, si le testateur ne la leur avoit pas accordée.

Afin que l'héritier ne soit pas trop long-temps privé de la jouissance des biens, la durée de la saisine est fixée à l'an et jour à compter du décès du testateur; mais cela ne doit s'entendre que du cas où l'exécuteur testamentaire a eu, dès ce moment, connoissance du testament, et où il a pu se mettre aussitôt en possession du mobilier. Le testateur pourroit aussi prolonger la durée de la saisine, s'il prévoyoit l'impossibilité d'accomplir toutes ses volontés dans une année.

Encore que le testateur n'ait pas donné la saisine à son exécuteur testamentaire, il ne faut pas moins que le mandat s'exécute par cela seul qu'il existe; et le testateur est toujours censé avoir voulu que l'exécuteur testamentaire en eût les moyens : aussi la loi a-t-elle pris soin de tracer les règles qui établissent ses droits et ses devoirs. Il fera apposer les scellés s'il y a des héritiers mineurs, interdits ou absens ; ce qui n'enlève pas à tous ceux auxquels la loi le permet le droit de réclamer cette apposition , si l'on n'y procédoit pas : il fera faire, en présence de l'héritier présomptif, ou lui dûment appelé, l'inventaire des biens de la succession : il provoquera la vente du mobilier, à défaut de deniers suffisans pour acquitter les legs et exécuter les volontés particulières du défunt; mais il ne devra acquitter ces legs qu'avec le consentement des héritiers, ou, sur leur refus, qu'en vertu d'un jugement, et cela, lors même qu'il auroit la saisine : il ne lui appartient pas de juger de leur validité.

C'est à l'exécuteur testamentaire, qui a la saisine du mobilier, que doit être remis le prix de celui qui est vendu ; il est également compétent pour recevoir le paiement de toutes les dettes mobilières qui étoient dues au défunt.

Le principal devoir de l'exécuteur testamentaire, celui qui renferme tous les autres, c'est de veiller à ce que le testament soit exécuté ; et il peut, en cas de contestation sur son exécution, intervenir pour en soutenir la validité ; en un mot, il doit apporter tous les soins d'un ami à l'exécution des volontés du défunt, mais sans jamais outrepasser ses pouvoirs.

Si la succession est vacante, le devoir de l'exécuteur testamentaire est d'y faire nommer un curateur, et de faire ordonner, contradictoirement avec lui, la délivrance des legs avant de les acquitter. Le paiement des dettes de la succession ne le regarde en rien, à moins qu'il n'en ait été expressément chargé par le testateur.

A l'expiration de l'année du décès du testateur, l'exécuteur testamentaire rendra son compte, à moins que la saisine n'ait été prolongée, comme nous l'avons dit plus haut, dans la prévoyance que les volontés du testateur ne sauroient être exécutées dans l'année ; auquel cas le compte devra être rendu à l'époque où la saisine aura dû finir.

Les fonctions de l'exécuteur testamentaire sont

purement gratuites ; il n'en retire aucun avantage : par une juste réciprocité, elles ne doivent lui occasioner aucune dépense : ainsi les frais faits pour l'apposition des scellés, l'inventaire, la reddition de compte et les autres frais relatifs à ses fonctions, sont à la charge de la succession. Il porte aussi en compte les legs et les dettes qu'il a régulièrement payés, ainsi que le présent qui a pu lui être fait suivant l'usage ; mais il ne peut rien prétendre pour honoraires, car il n'a rempli qu'un office d'ami, un mandat gratuit de sa nature.

Que si plusieurs exécuteurs testamentaires avoient été nommés et avoient accepté, un seul pourroit agir au défaut des autres, et ils seroient solidairement responsables du compte du mobilier qui leur auroit été confié : il en seroit autrement si le testateur avoit divisé leurs fonctions, et que chacun se fût renfermé dans celles qui lui étoient attribuées.

Ces fonctions sont un témoignage de confiance personnelle ; elles ne passent donc pas aux héritiers de l'exécuteur testamentaire, mais expirent à sa mort. Toutes les causes qui, suivant l'art. 2003, font cesser le mandat *ex persona mandatarii*, y mettroient également fin. Néanmoins, si, dans le choix de son exécuteur testamentaire, le défunt avoit considéré la qualité de la personne plutôt que l'individu, les pouvoirs passeroient à celui qui remplaceroit le mandataire décédé.

CHAPITRE V.

De la Révocation des Testamens et de leur Caducité.

Le testament est, de sa nature, révocable jusqu'à la mort de son auteur. Toute clause, toute promesse tendant à interdire au testateur la faculté de révoquer ses dispositions, ou même qui ne feroit que gêner cette liberté, seroit nulle et considérée comme non écrite, *ambulatoria enim est voluntas defuncti usque ad supremum vitæ exitum :* aussi l'ordonnance de 1735 avoit-elle déjà prohibé les clauses dérogatoires, et les mêmes principes ont-ils été admis par les auteurs du Code civil.

D'un autre côté, quel que soit l'intervalle de temps qui sépare la confection du testament du décès du testateur, la disposition subsiste : le testateur qui ne la révoque point est censé y persévérer jusqu'à la mort. Il y a cependant une exception à faire à ce principe relativement aux testamens militaires ou faits en temps de peste, qui deviennent nuls six mois après que le testateur a eu la liberté d'employer les formes ordinaires : le testament fait sur mer doit aussi être refait trois mois après que le testateur est descendu à terre, et dans un lieu où il a pu le faire dans les formes ordinaires.

Les dispositions testamentaires sont révocables; elles peuvent devenir nulles ou caduques, et alors il faut savoir à qui appartiennent les objets légués : nous diviserons donc ce chapitre en trois sections;

nous traiterons d'abord de la révocation des dispositions testamentaires, ensuite de leur caducité, enfin du droit d'accroissement.

SECTION I.

De la Révocation des Dispositions testamentaires.

La révocation des dispositions testamentaires peut être expresse ou tacite : expresse, lorsque le testateur déclare formellement, par écrit, son changement de volonté ; la révocation tacite résulte soit des faits, soit des dispositions du testateur qui indiquent ou supposent de sa part un changement de volonté : aussi, d'après les art. 1035 et 1036, les testamens ne peuvent être révoqués, en tout ou en partie, que par un testament postérieur, ou par un acte devant notaires, portant déclaration du changement de volonté ; et les testamens postérieurs, qui ne révoquent pas d'une manière expresse les précédens, n'annullent dans ceux-ci que celles des dispositions y contenues qui se trouvent incompatibles avec les nouvelles, ou qui y sont contraires. Il n'est même pas nécessaire que le testament soit révoqué par un acte passé dans la même forme que le testament lui-même.

Dans tous les cas, l'appréciation de l'incompatibilité et de la contrariété des nouvelles dispositions avec les dispositions antérieures, reste dans le domaine des tribunaux.

La révocation faite par un testament postérieur

aura tout son effet, quoique le nouvel acte reste
sans exécution par l'incapacité de l'héritier institué,
ou du légataire, ou par leur refus de recueillir;
en effet, quoique la dernière volonté du testateur
ne soit pas exécutée, il n'en résulte pas moins que
son intention étoit changée, et ce seroit aller contre
que d'attribuer sa succession à des personnes auxquelles il s'est repenti de l'avoir donnée

Si un objet légué purement et simplement avoit
été légué postérieurement sous condition à une
autre personne, le premier legs ne sembleroit pas
révoqué, si la condition ne s'accomplissoit pas; car
on pourroit dire que la translation étant conditionnelle, la révocation l'étoit aussi : toutefois le
testateur pourroit avoir voulu révoquer le premier
legs à tout événement, et alors cette intention devroit être suivie, si elle résultoit clairement de la
disposition.

Dans le droit romain, l'aliénation de la chose léguée n'emportoit révocation qu'autant que le testateur avoit aliéné sans nécessité; aujourd'hui, toute
aliénation, celle même par vente avec faculté de
rachat, ou par échange, que fera le testateur de
tout ou partie de la chose léguée, emportera la
révocation du legs, pour tout ce qui aura été aliéné,
encore que l'aliénation postérieure soit nulle, et
que l'objet soit rentré dans les mains du testateur,
et quel que soit le motif de cette aliénation; parce
que du moment que le testateur a disposé de l'objet
légué, il a manifesté l'intention d'en dépouiller le

légataire : peu importe donc que l'aliénation soit déclarée nulle et que l'objet légué rentre dans les mains du testateur, le legs n'en est pas moins révoqué.

Au surplus, la donation de l'objet légué faite au légataire, ne révoqueroit le legs qu'autant qu'elle seroit valable; et le légataire auroit également droit à l'objet légué, si la donation ne produisoit pas son effet, puisque, dans tous les cas, l'intention du législateur étoit que la chose lui appartint.

Quoique le Code soit muet à cet égard, il n'en faut pas moins décider que la révocation du testament résulteroit de sa lacération, de même que de tout autre acte qui l'auroit détruit, le testateur ne pouvant déclarer son changement de volonté d'une manière plus évidente : il seroit pareillement révoqué, s'il avoit été biffé ou raturé entièrement; dès qu'il n'y a plus d'acte, il n'y a plus de testament. Si le testateur n'avoit biffé ou raturé que quelques dispositions seulement, en laissant intactes la date et la signature, le testament vaudroit pour le surplus.

Que si le testateur avoit eu dans ses mains son testament mystique, et qu'il eût rompu l'enveloppe et le sceau, le testament seroit détruit comme mystique; mais il vaudroit comme olographe, si d'ailleurs il étoit entièrement écrit, daté et signé de la main du testateur.

Jusque-là nous n'avons parlé de la révocation qu'en tant qu'elle résulte de la volonté du testa-

teur; mais les actions du légataire peuvent aussi
l'autoriser : en effet, le légataire n'a peut-être pas
rempli les conditions mises à son legs, et cependant
telle étoit la volonté du défunt qui pouvoit ainsi
restreindre sa libéralité ; il a pu encore se rendre
indigne de recueillir son legs, soit parce qu'il aura
attenté aux jours du testateur, soit parce qu'il se
sera rendu coupable envers lui de sévices, délits ou
injures graves , et la loi doit punir son manque
de reconnoissance ; enfin le légataire qui s'est rendu
coupable d'une injure grave à la mémoire de celui
qui mourut en lui adressant un bienfait, mérite
que ce bienfait lui soit retiré : mais l'action pour
poursuivre cette ingratitude ne durera pas plus d'un
an à compter du jour du délit ; plus tard les preuves
deviendroient trop incertaines.

Dans tout les cas, la révocation des dispositions
testamentaires n'a pas lieu de plein droit ; elle doit
être demandée aux tribunaux, qui sont seuls ap-
préciateurs des faits sur lesquels elle est fondée.

On ne peut douter que la révocation ne soit
couverte par le pardon accordé au légataire par le
testateur. Le pardon sera même facilement présumé
accordé , si le testateur n'a pas révoqué son testament
dans un temps assez court ; car alors on est porté
à croire qu'il a persévéré dans sa première intention.

Au reste , si les débiteurs du legs l'avoient payé
en connoissance de cause, ils se seroient ainsi rendus
non recevables à le répéter, ou à en demander la
révocation.

Le bénéfice de la révocation d'un legs profite, en général, à celui qui eût été tenu de l'acquitter, sauf ce que nous dirons plus loin pour le cas où il y a lieu au droit d'accroissement.

Il est encore un cas où le testament est révoqué de plein droit, c'est celui où le testateur a encouru la mort civile, puisque ses biens sont dévolus à ses héritiers légitimes de la même manière que s'il étoit mort sans testament.

SECTION II.

De la Caducité des Dispositions testamentaires.

Une disposition testamentaire est caduque, lorsque, sans être révoquée expressément ni tacitement, elle se trouve privée de son effet par suite de causes autres qu'un vice qui l'annule dans le principe.

Le testament n'a d'effet qu'à la mort du testateur, et ne transfère jusqu'à ce moment aucun droit au légataire : il suit de là que toute disposition testamentaire est caduque, si celui en faveur duquel elle a été faite n'a pas survécu au testateur, d'autant plus que le testateur n'a considéré, en donnant, que la personne du légataire et non celle de ses héritiers. Cette règle souffre cependant plusieurs exceptions : par exemple, elle ne s'applique pas aux corporations, communautés, établissemens ; la mort des individus qui les composent est indifférente : elle ne seroit pas non plus applicable, s'il résultoit des circonstances

que le legs a été fait plutôt au titre dont le légataire
étoit revêtu qu'à la personne du légataire. Il est inu-
tile de dire que le legs ne deviendroit pas caduc par
la mort du légataire, si le testateur avoit manifesté
l'intention que le legs profitât au légataire et à ses
héritiers.

Si le legs est conditionnel, le droit du légataire
ne date, en général, que du jour de l'accomplissement de la condition ; en conséquence, le legs devient caduc, si le légataire meurt avant cette époque.
Mais il faut faire ici une distinction importante : ou
la disposition est faite sous une condition dépendante
d'un événement incertain, et telle que, dans l'intention du testateur, elle ne doive être exécutée qu'autant que l'événement arrivera ou n'arrivera pas, ou
la condition ne fait que suspendre la disposition ; en
d'autres termes, la condition tombe sur la substance
même de la disposition ou seulement sur son exécution. Au premier cas, le prédécès de l'héritier
institué ou du légataire, avant l'accomplissement de
la condition, rend la disposition nulle ; au second,
il n'empêche pas l'héritier institué ou le légataire
d'avoir un droit acquis et de le transmettre à ses
héritiers. L'application de cette distinction offre de
nombreuses difficultés dans la pratique, et les circonstances du fait exercent toujours une grande influence sur chaque solution.

Le legs devient caduc, si la chose léguée a péri
pendant la vie du testateur ; si elle n'a péri que depuis sa mort, l'héritier qui la laisse périr par faute

ou négligence en doit indemnité au légataire. Le legs est encore caduc, lorsque la chose a péri sans la faute de l'héritier, c'est-à-dire par cas fortuit, pourvu qu'il ne fût pas en demeure ; autrement il en devroit indemnité, à moins qu'il ne prouvât qu'elle eût également péri dans les mains du légataire.

Aux termes de l'art. 1042, le legs n'est caduc qu'autant qu'il a péri totalement : si la perte n'a été que partielle, le legs subsiste pour ce qui reste.

Lorsque la chose principale a péri en totalité pendant la vie du testateur, les accessoires, lors même qu'il en existeroit encore, ne seroient pas dus au légataire : il en seroit autrement, si la chose principale avoit péri depuis le décès.

On ne voit une cause de caducité du legs dans la perte de la chose, que si elle est certaine et déterminée ; car on conçoit que le legs d'un genre ou d'une quantité ne s'éteint pas de cette manière, *genera enim et quantites non pereunt.*

La disposition testamentaire sera caduque, lorsque l'héritier institué ou le légataire la répudiera ; et ces personnes seront généralement portées à répudier alors que les charges paroîtront trop onéreuses ; mais pour répudier il faut être maître de ses droits : ainsi la femme mariée et le mineur ne répudieroient pas valablement sans le consentement du mari ou l'autorité du tuteur.

Le legs est pareillement caduc, lorsque le légataire est incapable de le recueillir, et il doit être capable au moment du décès du testateur, si le legs est pur

et simple, ou au moment de l'accomplissement de
la condition, s'il est conditionnel. Le legs ne seroit pas moins caduc, si l'incapacité d'une commune
ou d'un établissement venoit du refus d'autorisation
de la part du gouvernement.

Lorsque la valeur des donations entre vifs excède
ou égale la quotité disponible, toutes les dispositions
testamentaires sont caduques. En effet, les droits
des légataires, qui ne s'ouvrent jamais qu'à la mort
du testateur, sont toujours postérieures à ceux des
donataires au profit desquels le donateur s'est déjà
dessaisi de sa propriété.

Dans tous les cas de caducité, autres que celui où
la chose est venue à périr, la caducité, comme la
révocation, profite à celui qui auroit été tenu d'acquitter le legs, sauf le cas de substitution vulgaire
et l'effet du droit d'accroissement.

SECTION III.

Du Droit d'Accroissement.

Le droit d'accroissement peut être défini le droit
d'un cohéritier ou colégataire de prendre ou de retenir la part de son cohéritier ou colégataire, lorsque
celui-ci est incapable ou refuse de recueillir.

Effet immédiat de la vocation du légataire, le
droit d'accroissement est un droit réel qui fait partie
du legs : il est fondé sur la volonté présumée du
testateur, qui est censé avoir préféré, quant à la
chose léguée, les personnes auxquelles il l'avoit pa-

reillement léguée, à celles qu'il avoit grevées de l'acquittement du legs. Cette volonté se reconnoît à la
manière dont la disposition a été faite au profit des
colégataires; c'est ce que dit l'art. 1044 : il y a lieu
à accroissement au profit des légataires, dans le cas
où le legs est fait à plusieurs conjointement.

Le legs est réputé fait conjointement, lorsqu'il
l'est par une seule et même disposition, et que le testateur n'a pas assigné la part de chacun des colégataires dans la chose léguée. Ces légataires sont conjoints *re et verbis :* la loi leur accorde le droit
d'accroissement, que la chose léguée soit ou non
susceptible d'être divisée sans détérioration; mais ce
droit cesse, si le testateur, en unissant les légataires
dans une seule et même disposition, assigne à chacun
la part qu'il doit avoir dans la chose léguée; ils deviennent *conjuncti verbis tantùm :* on présume alors
que le testateur ne l'a fait que pour abréger.

Encore que les légataires soient nommés indivi-
duellement, la simple mention de parts ne feroit pas
toujours obstacle au droit d'accroissement : il seroit
bon de distinguer, à cet égard, si l'assignation se
trouve seulement dans l'exécution ou dans la disposition elle-même. Au premier cas, il y auroit
lieu au droit d'accroissement, car le légataire est
appelé dans le principe à recueillir la totalité, les
parts ne sont faites que par la nécessité de diviser
entre les colégataires, *concursu partes fiunt;* cette
division n'est qu'accessoire, elle ne nuit point aux
droits primitivement accordés : au contraire, si l'as-

signation se trouve dans la disposition, elle en fait partie, chacun n'a droit dès le principe qu'à la part qui lui est assignée, et il n'y a pas lieu au droit d'accroissement. Cette distinction, quoique subtile en apparence, repose cependant sur la nature des choses.

Le legs est aussi réputé fait conjointement, quand une chose, qui n'est pas susceptible d'être divisée sans détérioration, a été donnée par le même acte à plusieurs personnes, même séparément : c'est là le cas de la conjonction *re tantùm* du droit romain, mais dans un sens beaucoup plus restreint, puisqu'il faut que la chose léguée ne soit pas susceptible d'être divisée sans détérioration, pour qu'il y ait lieu au droit d'accroissement.

S'il y avoit tout à la fois conjonction et substitution, il n'y auroit pas lieu à accroissement, puisque la substitution a précisément pour effet de le prévenir, en mettant le substitué à la place du légataire défaillant.

Que si le légataire défaillant avoit été grevé de charges par le testateur, le colégataire qui recueilleroit sa part du legs en vertu du droit d'accroissement, devroit supporter ces charges, et n'en seroit exempt qu'en s'abstenant d'exercer son droit d'accroissement, à moins que ce ne fût une charge personnelle imposée au légataire défaillant. Bien entendu que les legs en sous-ordre sont des charges réelles qui suivent la chose léguée en quelques mains qu'elle passe.

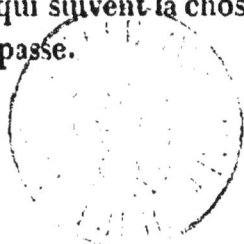

7

Remarquons que si quelqu'un des légataires compris dans une disposition sous un nom collectif et
générique , et qui n'auroient eu pour eux tous qu'une
part dans la chose léguée , vient à prédécéder ou à
répudier , sa part accroîtra à ceux qui sont compris
avec lui sous le même nom collectif, préférablement
aux autres colégataires.

Observons encore que les colégataires partagent
la part qui leur accroît, de la même manière qu'ils
partagent la chose léguée.

QUESTIONS.

I. Le testament fait par un mineur âgé de seize
ans qui meurt ensuite en majorité, est-il valable
pour le tout? — Non , il est réductible à la moitié.

II. L'étranger peut-il tester en la forme olographe, pour disposer de ses immeubles situés en
France, quoique les lois de son pays n'admettent
pas cette forme de testament? — Oui.

III. La présence et l'acceptation du légataire vi-
cieroient-elles le testament? — Non.

IV. Peut-on valablement tester par lettre mis-
sive? — Oui, pourvu qu'elle soit entièrement écrite,
datée et signée de la main du testateur, et qu'il
soit évident qu'il a voulu faire un testament.

V. La date est-elle suffisamment indiquée par
une fête publique fixée à une époque certaine?
— Oui.

VI. Le testament par acte public peut-il être fait en brevet? — Non.

VII. L'incapacité d'être témoin d'un testament subsiste-t-elle encore, lorsque la personne qui produisoit l'alliance est décédée? — Oui.

VIII. Est-il nécessaire que le témoin soit domicilié dans l'arrondissement communal du lieu où le testament est reçu? — Non.

IX. Le testament est-il valable, si le testateur qui savoit signer a déclaré ne le savoir? — Non.

X. Le testament authentique doit-il nécessairement être écrit en français? — Oui.

XI. L'art. 974 est-il applicable au testament mystique? — Non.

XII. Le testament, nul comme mystique, est-il valable comme olographe, s'il est entièrement écrit, daté et signé de la main du testateur? — Oui.

XIII. Doit-il, sous peine de nullité, être fait mention des signatures dans les testamens faits en mer, en temps de guerre ou de peste? — Non.

XIV. Le Français pris par des pirates pourroit-il tester *jure militari?* — Non, en temps de paix; oui, si la France étoit en guerre avec la nation à laquelle appartiendroient les corsaires.

XV. L'art. 1000 est-il applicable au testament fait par un étranger, en pays étranger, pour disposer de biens situés en France? — Oui.

XVI. Le legs de l'universalité de l'usufruit est-il un legs universel? — Non; il est à titre universel.

XVII. Le legs du disponible est-il un legs universel ? — Oui.

XVIII. Est-il légataire universel celui auquel le testateur a légué la nue propriété de ses biens, lorsqu'il en a légué l'usufruit à un autre ? — Oui.

XIX. Le légataire universel est-il tenu, *ultra vires*, des dettes et charges de la succession? — Non, s'il est en concours avec des héritiers réservataires ; oui, dans le cas contraire.

XX. La condition accomplie a-t-elle un effet rétroactif dans les legs comme dans les contrats ? — Oui, en ce sens que le légataire est réputé propriétaire des biens légués à partir de la mort du testateur.

XXI. L'exécuteur testamentaire peut-il recevoir un présent du défunt, quoiqu'il soit incapable de recevoir de lui par testament? — Oui, pourvu que ce présent soit de peu d'importance.

XXII. Le testateur peut-il exempter l'exécuteur testamentaire de faire inventaire et de rendre compte ? — Oui, lorsque l'exécuteur testamentaire est capable de recevoir du testateur, et que la réserve ne se trouve pas ainsi attaquée.

XXIII. L'exécuteur testamentaire peut-il prendre hypothèque sur les immeubles de la succession pour conserver le droit des légataires? — Oui.

XXIV. Un acte fait avec toutes les formalités voulues pour la validité des testamens, mais qui ne contient aucune autre disposition qu'une révocation expresse, suffit-il pour révoquer un testament antérieur ? — Oui.

XXV. La révocation d'un testament, par acte public, qui contiendroit la reconnoissance d'un enfant naturel, rendroit-elle cette reconnoisance non avenue ? — Non.

XXVI. Un acte valable comme acte public, mais nul comme testament, vaut-il comme acte de révocation ? — Oui, si la révocation est expresse ; non, si elle est tacite.

XXVII. La clause de révocation, contenue dans un testament imparfait, s'étend-elle aux dispositions du précédent qui s'y trouveroient répétées en faveur des mêmes légataires ? — Non.

XXVIII. La survenance d'enfans au testateur révoque-t-elle le testament ? — Non.

XXIX. La révocation peut-elle être invoquée, par voie d'exception, contre le légataire, pendant tout le temps que dure son action pour réclamer le legs ? — Oui.

XXX. Si un tiers au profit duquel une charge auroit été imposée à un legs, se trouvoit incapable de recevoir du testateur, le bénéfice de la charge appartiendroit-il au légataire qui devoit l'accomplir ou à ceux qui auroient profité de la caducité du legs principal ? — Il appartient au légataire tenu de la charge.

Procédure.

DES RÈGLEMENS DE JUGES.

CODE DE PROCÉDURE, 1.re PART., LIV. II, TIT. XIX.

Un même différent peut se trouver porté à la fois devant deux ou plusieurs tribunaux. La demande en règlement de juges a pour but de faire cesser ce conflit de juridiction par une décision qui règle auquel de ces tribunaux doit rester la connoissance de l'affaire.

Le conflit est positif, lorsque deux tribunaux retiennent la même affaire; négatif, lorsqu'il refusent également d'en connoître. Les dispositions du Code de procédure, relatives aux règlemens de juges, ne s'appliquent qu'au cas du conflit positif, la cour de cassation étant seule compétente pour statuer sur un conflit négatif. Le conflit devroit être jugé par le conseil d'état, s'il existoit entre l'autorité judiciaire et l'autorité administrative.

Pour donner lieu au règlement de juges, il faut que le différent porté à deux ou plusieurs tribunaux constitue, par son objet, une seule et même cause, ou du moins une autre cause essentiellement connexe, c'est-à-dire tellement liée à la première, que le jugement de l'une doive nécessairement influer sur celui de l'autre. Le conflit existe, et il y a lieu à règlement de juges, par le seul fait d'introduction d'instance, et sans qu'il soit nécessaire d'attendre que chacun des tribunaux saisis ait statué sur sa compétence.

Le règlement de juges doit être porté au tribunal immédiatement supérieur et qui étend sa juridiction sur les deux tribunaux entre lesquels existe le conflit : ainsi, le différent est-il porté à deux ou plusieurs tribunaux de paix ressortissant du même tribunal d'arrondissement, c'est à ce tribunal qu'il appartient de juger la demande en règlement de juges ; les tribunaux de paix ressortissent-ils, au contraire, de différens tribunaux d'arrondissement, alors le conflit doit être porté à la cour royale, ou à la cour de cassation s'ils relèvent de deux cours différentes. Le même ordre est suivi dans les tribunaux d'arrondissement, et la cour de cassation est toujours le dernier terme auquel viennent aboutir toutes les demandes en règlement de juges.

Il résulte des art. 19, 20 et 21 du titre II de l'ordonnance du mois d'août 1737, encore en vigueur aujourd'hui, qu'il peut même y avoir lieu au règlement de juges, quoiqu'il n'existe pas de conflit entre deux tribunaux ; puisque, d'après ces articles, la partie qui a été déboutée d'un déclinatoire proposé en première instance, et de sa demande en renvoi devant un autre tribunal, peut immédiatement se pourvoir en règlement de juges devant la cour de cassation sans interjeter appel du jugement.

Son pourvoi en règlement de juges seroit encore recevable quoiqu'elle eût interjeté appel et que le premier jugement eût été confirmé, ou qu'après avoir été accueilli en première instance il eût été rejeté en appel : mais, au contraire, si les premiers juges ont accueilli le déclinatoire, le défendeur à cette exception n'a que la voie de l'appel ; il ne peut se pourvoir en règlement de juges. De ce que nous venons de dire il suit qu'en matière de règlement de juges, il y a, dans certains cas, trois degrés de juridiction, ce qui fait exception au principe fondamental de l'ordre judiciaire, qui n'établit que deux degrés de juridiction en matière civile.

Exemptée du préliminaire de conciliation, l'action en règlement de juges se forme par une requête appuyée de pièces justificatives : elle est remise au greffe et répondue par un jugement portant permission d'assigner. Le tribunal qui rend ce jugement peut ordonner en même temps que toutes choses resteront en état, et qu'il sera sursis à toute procédure dans les tribunaux en conflit.

Dans un délai de quinzaine, à partir du jour du jugement, le demandeur doit faire signifier, au domicile de l'avoué de la partie adverse, le jugement portant permission d'assigner : le même acte contiendra assignation.

Il est clair que si le conflit existoit entre deux tribunaux de paix ou de commerce, l'assignation seroit remise à la personne même, ou au domicile réel de la partie.

L'assignation emporte les délais ordinaires de l'ajournement, en comptant les distances d'après le domicile respectif des avoués ou des parties elles-mêmes, selon que l'assignation a dû être remise à l'avoué ou à la partie.

Faute par le demandeur de n'avoir pas fait assigner le défendeur dans les délais ci-dessus, il demeurera déchu de plein droit du règlement de juges, et les poursuites pourront être continuées dans le tribunal saisi par le défendeur en règlement.

S'il y a eu contestation sur la demande, la partie qui succombe est condamnée aux frais, sinon les dépens sont joints à ceux de la demande principale.

Le demandeur qui succombe peut, en outre, être condamné aux dommages et intérêts envers les autres parties, alors que les juges ne verront, dans la demande, d'autre but que d'entraver la marche de la justice et de prolonger la contestation.

QUESTIONS.

I. Peut-il y avoir lieu à règlement de juges entre des tribunaux de commerce ? — Oui.

II. La requête qui a pour objet d'obtenir le jugement portant permission d'assigner, est-elle communicable au ministère public? — Oui.

III. Les juges auxquels la requête est présentée peuvent-ils refuser la permission d'assigner en règlement de juges? — Oui.

IV. Si le défendeur a été débouté de son décli-

natoire et de sa demande en renvoi devant un autre
tribunal, et qu'il ait été statué au fonds, peut-il se
pourvoir en règlement de juges? — Il faut distinguer : si le jugement n'a statué au fond que par
défaut contre le demandeur en renvoi, il peut se
pourvoir en règlement de juges ; il ne lui reste plus
que la voie de l'appel, s'il a plaidé au fond.

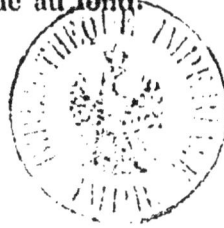

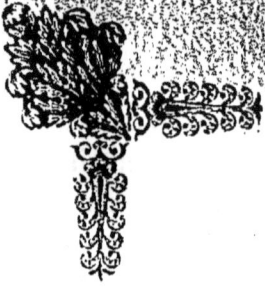

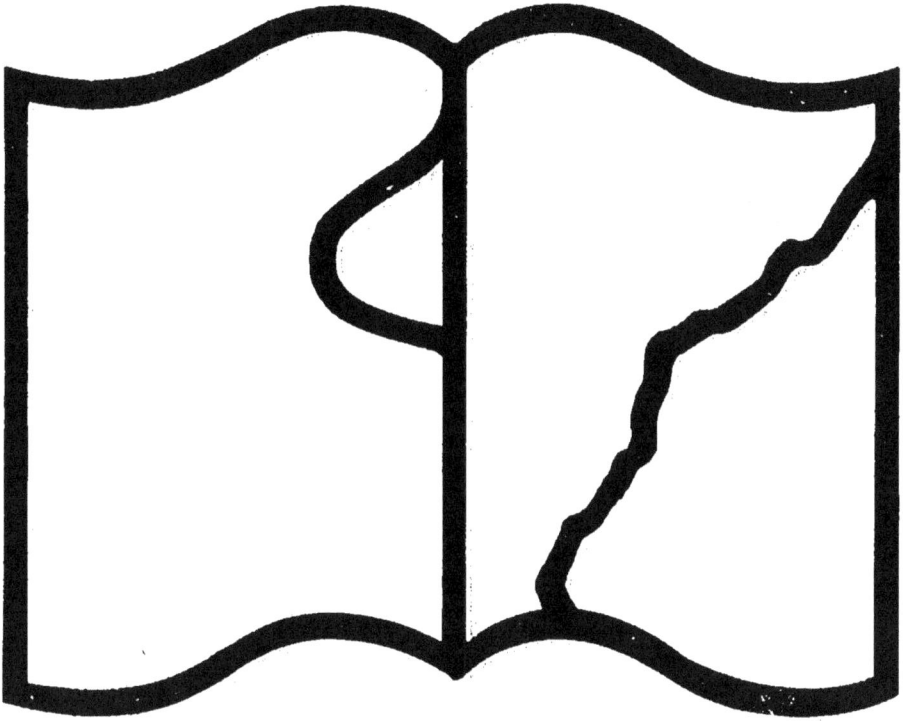

Texte détérioré — reliure défectueuse

NF Z 43-120-11

www.ingramcontent.com/pod-product-compliance
Lightning Source LLC
Chambersburg PA
CBHW071449200326
41519CB00019B/5671